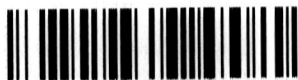

成长悟语

中学生心灵解码

沈之菲/著 ∞ 龚　正/插图

华东师范大学出版社

序

东东

看到写序人的名字我想很多人会一头雾水，她是谁？大家好！我是本书作者的女儿，作为和本书作者离得最近的人，我想就这本书说一些我想说的。

有些话我想以一个未满 19 岁的青少年的角度来说。每个青少年心中都有一个想法：只有我自己懂我，你们才不懂呢。我想这本书的作用不是直接地解决一些青少年的烦恼和问题，而是让青少年们看到这些同龄人的烦恼和问题，更加了解自己，从而自己解决自己的问题。

生活是一门相处的艺术，和家人和朋友相处，和世界和社会相处，最重要的是和自己相处。“我们用多一点点的辛苦，来交换多一点点的幸福。”相处是需要学习和付出的。

我大致是一个乖乖女，但我也有过我自己的烦恼和困惑。然而有些音乐，有些小说或电影，有些别人的话语给了我方向和力量，让我走过了我的烦恼阶段。我希望这本书能成为你们的力量。

上面一些话难免显得太严肃，那我换一个身份，从本书作者女儿的角度来说一些话。

作为和本书作者朝夕相处的人，我可以说是全程目睹了这本书的形成过程。当时老妈每个月为杂志写专栏，解答青少年寄到杂志社的各种生活和心理上的烦恼。看似微小而琐碎，老妈却一写写了好几年。某种角度上，我也算参与了这个过程。嘿，这是真的，我可是担当着帮老妈检查有没有错别字这个重要的工作呢。

从女儿的角度，我看得到老妈对这本书的用心，她很认真地用她的专业知识和对生活的领悟来解决这些青少年的烦恼和问题，希望他们能更加快乐地成长。她也很用心地对待全书的问答，甚至对于本书的插画，她也多加考虑，仔细挑选，当然其中也有我的建议哦。

另外，我推荐这本书，是因为我相信我的老妈是一个好的心理工作者。也许你会认为这句话只是自家人吹捧自家人。但是我们家和大多数家庭一样，是独生子女家庭。我是我们家唯一的小孩，老妈也是第一次当老妈，一切都是在慢慢学习和成长中领悟。在这个过程中，我遇到过一些问题，和家长身份的老妈之间也难免会有冲突，但是我们都在慢慢学着寻找解决问题的方法。我在学，老妈也在学。从小学到中学 18 年的学习过程中，我能说她是一个好妈妈，而这些生活的经验也会对她的工作有所启迪。我相信她会将心比心地来为这些青少年的烦恼寻找解决之道，我相信她是一个好的心理工作者。

最后有些话是我想对我老妈说的：很荣幸能来帮老妈的书写序；比起有一个能够出书的老妈，让我更加荣幸的是有一个会让自己女儿来写序的老妈。大约三年多前，我送给我老妈的生日礼物是把她当时写的专栏挑选了一部分复印下来，订在一起，写下了一些我的心得和感受。这份礼物上的话我还记得，至今我还是那么认为：我为你的工作骄傲，更为一个喜爱并投入于自己工作中的老妈骄傲。

目录

一 自我

二 学习

三 人际

四 两性

五 生活

六 生涯

自我

"我是谁？"
这个问题不简单，

值得你在
夜深人静、
辗转反侧时

好好想想。

◎“我是谁?”

沈老师：

您好！我很喜欢看您的解答，一直想找一个和我问题类似的，但是没有。我们这里也没有心理医生，所以只能麻烦您了。

我的成绩不好，每次考试都是中下等。我的班主任却似乎总是专门对着我们这些中下等学生说的一样，让我们去考中专，说那样才会有出路。我感到很为难，也似乎感觉到被人看轻的尴尬。

这让我彻夜难眠。一躺下来，考试呀学习呀成绩呀等等全都在脑海中转悠，过了很久仍然全无睡意。我曾经借助药物，但我很清楚药物并不能解决根本问题。这让我很苦恼，您能帮帮我吗？

小哲

小哲同学：

你好！在我们这样以应试教育为主的学校里，成绩不好，心中又好强上进的学生，有被人看轻的无奈、尴尬、不平、难受、心有不甘，以至于彻夜难眠，我是很能够理解的。你强烈希望摆脱目前的困境，得到别人的认可和承认的想法一点也没有错。我碰到过很多像你一样的学生，除了学习成绩不怎么样，他们也是吃苦耐劳、聪明能干的。他们中很多人即使暂时只上了中专，爱学习的中专后还会接着读书，该工作的也能认真负责地工作。

小哲同学，在你睡意全无的时候，你可以把班主任的话、考试呀成绩呀暂且放下，想想其他的事情，因为在你这个年龄有很多重要的事情可以想的，诸如：“我是谁？”

“我是谁？”你能回答这个问题么？你能说清楚“我是谁”么？有一个男人昏迷了，弥留之际，忽然感到被接到了天上去，站在了审判者的宝座前。一个声音问他：“你是谁？”他回答：“我是经理。”“我没问你是什么职务，我问你是谁。”“我是我孩子的爸爸。”“我并没有问你是谁的爸爸，而是你是谁。”“我曾是一位教师。”“我也没有问你的职业，而是你是谁。”“我是一位佛教徒。”“我并不是问你的宗教信仰，而是你是谁。”“我时常都帮助有需要的人。”“我也不是问你做了什么，究竟你是谁？”他们就这样对答下去，可是，不论他给予什么答案，似乎也没有答对那问题。这个男人显然是过不了这关，因此，他被送回地上。当他康复以后，他的生活全改变了，因为他觉得他要做真正的快乐的自己，而不是某某人。

小哲同学，“我是谁？”这个问题不简单，值得你在夜深人静、辗转反侧时好好想想。我想，想着想着，你一定会想到疲惫了；想着想着，你一定会告诉你自己：你是一个能吃苦耐劳、积极肯干、要求上进的人，因为这才是真正的你呀！想着想着，你一定会说我要睡了，明天再想吧，反正这个问题不急着想出答案的；想着想着，你也就睡着了，明天的太阳也依旧会慢慢升起来了。

沈之菲

◎ 聚光灯效应

沈老师：

您好！我自认为是个挺乐观开朗的孩子，可是自从进入青春期来，脸上长有痘痘后，自己逐渐自卑了。因为这样，每次自己都不敢与人面对面交流，总是羡慕那些长得干净的同学。父母只是安慰我说以后会好的，可是我还是很在意，我应该怎么办？

俊一

俊一同学：

你好！沈老师很理解你的烦恼，因为沈老师也因为这个烦恼过，很多很多人都为这个烦恼过，所以为青春痘烦恼、在意是很多很多人所共有的，在意也没有什么。况且在你这个年龄的人，包括不在你这个年龄的人，不是为痘痘烦恼，也会为长得胖、长得矮、单眼皮、大腿粗等等烦恼。所以，认为自己长得很理想的人大概不多，我们大家都不是长得完美的人。

不过俊一同学，你在意没什么，但是沈老师自身的经验及很多人的经验是在意并不能将痘痘变得更少，而是会让痘痘长得更多。诸如你有一个蚊子咬的块，如果你不在意的话，很快会好的，但是如果你一直看它，还用手去挠它，它会越来越严重的，最后小块块会变成大块块，甚至会感染、化脓。所以，最好的方法是连镜子都不照，内心暗示自己脸部越来越光滑了，这样过一段时间，你会发现痘痘真的好了很多。你一定试试，因为沈老师这样做了以后，效果很好，也推荐给了好几个人，效果也很不错。

俊一同学，有一点是你需要了解的，脸上有痘痘，最在意的人是你自己，别人不会像你这么在意的。就像我们看集体照，你最注意的是你自己，其他人你也不会太注意吧，所以拍得好拍得不好最最放在心上的是你自己，这在心理学上称之为"聚光灯效应"。

"聚光灯效应"是季洛维奇和佐夫斯基于1999年提出的概念，是指我们的意识中"聚光灯"比在现实中更为闪亮地照耀着我们，我们会倾向于高估我们行为、外貌和情感在他人眼中的显著性。有时候我们总是不经意地把自己的问题放到无限大。比如，你自信地去参加一次聚会，衣着整洁，精神焕发，只是微风稍稍弄乱了你的头发，正当你打算推门而入时，门口的一面镜子让你惊骇不已，你感觉衣服邋遢凌乱，头发简直就是鸟窝。突然之间，似乎所有的眼睛都在盯着你看，所有的窃窃私语都在谈论你的"倒霉样儿"。你紧张不安，其实事实并不是这样的。当我们出丑时总以为人家会注意到，人家或许当时会注意一眼，但事后马上就忘了，没有人会像你自己那样关注你的。

所以俊一同学，你认为痘痘糟糕至极，是因为你最在意，你将聚光灯都集中在你脸上了。别人没有你这么在意的，他们忙自己的事还来不及呢，你大可放宽心。再试试沈老师的方法，会好的。

沈之菲

◎ 想成为何种人

沈老师：

您好！不知道您距离您的十五六岁有多远，也不知道您能不能体会到我们此刻的心情。是不是每个人的十五六岁都是多愁的年龄，一切都是那么地烦，烦得你无法安心学习。当资料一摞摞地送来，学习的压力也越来越大，老师的嘴里也好像只有“高考”两个字，什么都是关于高考的时候怎样得高分。学校还要组织考试，月月考，周周考，日日考，都快把我“烤焦”了。我现在的心情郁闷得无法静下心来学习，想找个人聊聊天，可是，看到别人在学习，怎么忍心去打扰。家里更不是一个可以倾诉的地方，我的家庭经济条件不好，父母动不动就说别上学了，我都快伤心死了。初中三年，辛辛苦苦考上高中，不就是为了考上一个大学吗，他们怎么不理解我呢！我怎样才能从现在的烦躁中走出去，安心地学习呢？

张静

张静同学：

你好！我很高兴，因为你烦恼的时候，没有地方倾诉的时候，能够通过来信的方式，诉说你的烦恼，我们这儿确实也是你可以说说烦恼的地方。其实，你想聊聊天，不用这么不忍心不敢打扰其他同学的，因为他们也许也正为考试烦着呢，正想聊聊天呢！

考试真的是很烦的，有个同学还写了首诗：“考试/你烦不烦/你到底烦不烦啊/你真的很烦啊/你最好快点消失/烦死了啊/你真的好烦啊……”也有个同学说:“为考试烦恼,在题海中挣扎,做梦也都梦见在考试呀……”

觉得考试烦是很正常的,整天考试还觉得考试是好事情的人恐怕很少很少吧,相信就是稳拿第一名的同学也是烦的。

威廉·詹姆斯说:人的难题不在于他想采取何种行动,而在于他想成为何种人。张静同学,请努力做一个快乐的人,如果能和别人聊天就可以快乐,尽管聊。父母也很愿意你说出你的烦恼的,因为我们都知道一份快乐与人分享就会有两份快乐,一份烦恼与人分享,就只有一半烦恼了。你能够把你的烦恼写出来,寄给我们也好,索性把所有的烦恼说在气球里,再把它放到天空里去,随它跑到哪里去……哈哈,随便做点什么,让自己快乐起来,学照样上,考试照样考。

我想每个父母都是希望孩子能有进一步学习的机会的。也许父母就是看见你学得这么烦(尽管你不说,但父母还是能看得见的,体会得到的),认为你是不爱学习才烦的呢。希望你不要继续烦下去,如果你认为尽管考试是烦的,学习生涯是枯燥的,但也是快快乐乐的,我想父母一定会鼓励你学习下去的。因为生活的快乐远比读高一级的学校重要。

沈之菲

◎ 内向与外向

沈老师：

您好！我是一个性格内向的女生，从小到大从来不敢和陌生人讲话，就连和自己的亲人也很少讲话。我之所以变成这样，大概和我生长的环境有关吧。小时候，父母工作忙，我们很少交流。有的时候，我把我见到的有趣的事情讲给他们听，他们总是不耐烦。久而久之，我变得沉默寡言。我也曾尝试和周围的人交谈，但总是感觉别人不是很感兴趣，甚至我感到他们讨厌我说的话。这样的心理让我不喜欢和别人交谈，我很自卑。看着别人昂首挺胸很是羡慕，但是我却做不到，因为我怕遇到熟人，怕和他们打招呼、讲话。我的心理障碍严重吗？您可以帮我走出来吗？

亦凡

亦凡同学：

你好！知道你为性格内向而苦恼，我想很多内向的人都曾经有过这样的时候，因为我们的文化习惯把外向的人想象为乐观、开朗、热情、自信、进取，把内向者联想为保守、压抑、退缩、不安、胆怯、不合群。大家都会说外向是社会欢迎的，内向却不那么好。真的是这样的吗？

区别内向与外向的一个简单可信的依据是：问问自己的快乐从哪里来。内向把心理能量指向自己，因此快乐也主要由心而生，不那么依靠外部世界的认同与赞许；外向把心理能量指向外部世界，喜欢人际接触，好奇，富于冒险精神，对

区别内向与外向的
一个简单可信的依据是：
问问自己的快乐从哪里来。

主流文化比较认同。内向为主的人比较有意志、理想，追求特色的美感和兴趣，爱学习，没事偷着乐，外界不管有多大的变化、干扰甚至打击都妨碍不了他生活的目的与信念，为了一个梦想或观点常常会独自坚持，不达目的誓不罢休。外向为主的人比较灵活、顺从，不跟别人或自己找麻烦，审时度势，喜欢顺水推舟，不好逆水行船。

看来内向和外向都是很好的。很多科学家、哲学家、伟人、艺术家、创业者都因为发展了很好的内向能力而让自己能在浮躁的社会里沉静下来，独立思考，富于创意，最终获得成就。

现在亦凡你主要的烦恼是社交方面的。很多人陷入社交的烦恼，害怕人际关系，胆怯，退缩，自认为是内向的。其实这正好缺少内在的精神指向，内心根本就没有快乐，期待被别人喜欢、认同来得到快乐。这不是内向的问题，而是你没有增加你心理的能量，把眼睛全部用在看别人、和别人的比较上了。想想看，你有哪些优点，仔细找找，善良、体贴父母、能理解别人、喜欢阅读……还有好多好多。所以好好地喜欢自己、自己爱自己，让自己成为快乐的源泉，那时你的胸脯也会挺起来的！

沈之菲

◎ 不同的叙述

沈老师：

您好！我是一名高二的学生，有些事情想跟您交流一下。

我来自一个单亲家庭，母亲很早就离我而去了。也许那个时候还小，体会不到失去母亲的痛苦，只有在父亲想起母亲时的哀伤的脸庞上和去公园里看到那些陪伴孩子玩耍的父母们的时候，我才会感到失落。由于距离学校比较远，我寄宿在县城一个亲戚的家里。不知道是不是自己太敏感，这样的寄宿日子总让自己有种寄人篱下的感觉，我总是无法融入到别人的欢乐中去，好像我们根本就不是一个世界的人。我把自己关在房间里，埋在书堆里，想把一切烦恼都用学习去打发掉，但是，最终，我发现，这个很难。唉，这是为什么呢？

果儿

果儿同学：

你好！从你的叙述中，我能感受到你的不愉快。我想，果儿你一定也在心里无数次地对自己说过：我是一个不幸福的人。你一定说着说着就把这一切当真了。果儿，这个世界最奇妙的事是看上去是真的，其实很多时候不是这样的。果儿，你真的是不幸福的人吗？

其实，幸福没有客观的标准，它是一种感觉，来自我们内心的建构，来自我们对自己人生故事叙述的方式。果儿，你看看你是否可以用下面的方式把你的故事重新描述一下：

“我来自一个单亲家庭，母亲很早就离我而去了。我因此变得很独立，个性倔强，从小爱看书，好学习，也比一般孩子懂得照顾家庭。因为那个时候还小，体会不到失去母亲的痛苦，只有在父亲想起母亲时的哀伤的脸庞上和去公园里看到那些陪伴孩子玩耍的父母们的时候，我才会感到有些失落。单亲家庭的缘故，我成了一个内心细腻敏感的孩子。不爱说话，这让我拥有更多的自我空间，思考更多有益的问题。我的学习一直很自觉，成绩一直不错，所以考上了离家较远的高中。由于距离学校比较远，我寄宿在县城一个亲戚的家里，这对于我来说又是一个新的学习机会，很多像我一样大的城里孩子，还在妈妈那儿撒娇呢！穷人的孩子早当家呀！不知道是不是自己太敏感，这样的寄宿日子总让自己有种寄人篱下的感觉，我总是无法融入到别人的欢乐中去，好像我们根本就不是一个世界的人。这也许是自己觉得在别人家里自己应该更懂事、谦虚、沉默一点，这样才更容易为别人所接受的缘故。事实上，亲戚对我挺照顾的，也觉得我是一个乖巧的孩子。有时我把自己关在房间里，埋在书堆里，想把一切烦恼都用学习去打发掉，但是，最终，我发现，这个很难。因为人总是有烦恼的，我能接受我的烦恼，我的生活条件不如别人的好，但也不是最差的。生活让我学做一个坚强的孩子，我会好好学习的……”

果儿，这样的叙述会不会使你的心情有所不同。果儿，你会写出比沈老师更好的叙述的。果儿，加油！

沈之菲

◎ 快乐的独处者

沈老师：

您好！我是一名高一年级的学生，是一个性格极其内向的人，其实这一切都是因为我不太会和人交流引起的。每一次和别人说几句话之后就没了话题，使我们都处在尴尬中。时间一长，我也就厌烦了这种情况，于是就闭口不说话，很少和别人交谈了。看着同学们仨一群俩一伙的谈得热火朝天，我从心中产生一种羡慕，同时也有一种被孤立的感觉，这种感觉让我坐立不安，甚至影响到了我的学习。最让我感到害怕的是，我觉得现在随便拉出来一个人，无论在哪一方面都比我强。沈老师，帮帮我吧！

尚欣

尚欣同学：

你好！你让我感到熟悉，因为又是一个说自己内向的高中生。如果在高中生中进行一下调查，你会发现很多很多你的同类，你并不孤独。你说"每一次和别人说几句话之后就没了话题，使我们都处在尴尬中"，正因为你是在和你的同类交谈，才会使得你们都觉得自己无话可说了。如果对方是一个有话题的人，相信你也会被带动的。

我认识很多很多现在讲课讲得好、说话说得很多的人，他们都说他们当中学生时是不擅长说话的。现有台湾讲演第一人的台大哲学系的教授傅佩荣，在台大教授十七年，座无虚席，被《民生报》评选为“最热门教授”。傅先生自我袒露说：“我曾经口吃九年！”口吃成了傅先生成长中最大的困难。小学生常常被老师要求起来说话、起来念课文，而他一站起来，讲话就口吃，全班大笑，老师也笑，所以非常自卑。九年口吃的时间给傅先生带来了很多影响。一方面，傅先生自己更加努力，从小到大成绩都很好；另一方面，性格上也有些孤僻。但“就因为口吃，让我这个聪明又转向对内了。就是你外面不能讲话，你根本交不到什么朋友，因为交朋友需要说话、需要沟通，你只好一个人把书念好，慢慢忍受别人的嘲笑”。说起这段青涩记忆，傅先生感触地说：“口吃九年对我最大的好处，就是改变了生命：第一，我这一生都不会嘲笑别人。我从小被嘲笑长大，到现在很多人说，傅教授，好像很有亲和力，好像没有摆架子。说实在的，我看到你们不嫌弃就很高兴了，还要摆什么架子？这是小时候对我造成的影响。所以我这一生，都不会想说我很了不起、我有什么特别的地方，完全没有那种感觉。我不管将来也许有一点点成绩，我觉得自己很平凡，很平常，只希望别人不要笑我就好了。第二，我特别珍惜说话的机会。因为曾经不能说话，一有机会说话就非常珍惜，我说的每一句话，都会让别人愿意听，也听得懂。”

尚欣同学，别怕，这个世界上布满了成功的内向者，也布满了快乐的能够独处的内向者！把时间从注意别人身上，转到注意自己的学习上！向知识要快乐，向你自己的内在心灵要快乐！

沈之菲

把痛苦、苦闷、彷徨的那些盐，
放进大海里。

◎ 把盐放进大海里

沈老师：

您好！作为即将踏入高三新生活的学生我很郁闷，看了《中学生阅读》后的“花季雨季”栏目后深受感染。我正处于即将由一个重点班学生沦为普通班学生的苦闷、彷徨中。未来会如何，我不敢想。度日如年的我恳求您的指点。

刘兴

刘兴同学：

你好！我能体会到你心情的沉重和郁闷，这样的郁闷让你感到难受，沈老师也是感同身受。因为这样的郁闷你的同学们或多或少遭遇过，沈老师也碰到过。很高兴你能写信来，因为沈老师看到的不仅是你苦恼的心，而且看到了你的不甘，看到了一个好学生想要做一个更好学生的愿望，以及你想从苦恼中走出来的动力。有这样的动力，暂时的挫折不可怕。人生的有一天你会说感谢上帝给了我这样的机会，让我对人生体会更多，使我成长的步伐更坚实。

我曾经读到过这样一个故事：“小和尚的师傅老和尚发现小和尚每天都在不停地抱怨。师傅就让他拿些盐，把盐放进杯子里喝下去，问他，什么味道。小和尚说有些苦。师傅说你把剩下的盐放进湖水里，再尝一下是什么味道。小和尚说：不苦了，就是挺新鲜的。师傅说：人生就是这样，总有很多痛苦。就像盐，看你将它放在哪里，放在杯子里喝下去是苦的，但你放在湖水里就是新鲜的，如果放进大海呢?"

刘兴同学,我想你肯定是懂得老和尚想说的道理的。遇到困难的时候,我们用更宽广的视野去感受,痛苦就减少了许多,而如果用杯子一样狭窄的心态去考虑,痛苦一定会加倍。在你的班级里、学校里,有无数在普通班读书的孩子,有无数学习成绩倒数的孩子。你是学生中的大多数,也许还是较好的,至少是中上的,如果你是度日如年,这些同学呢?何况放到全中国你的同龄人中进行比较,这又如何呢?

有句话说:上帝为你关上一扇门,也打开了另一扇门,他不会总是眷顾你,也不会总是冷落你。用中国的老话说:塞翁失马,焉知非福。无数人的亲身经历告诉我们,这是真理!刘兴同学,承认自己从一个重点班学生沦为普通班学生的失败,接受这样的失败和安排,也许在普通班更适合你的实际水平。在普通班比较的对象不同了,受到的挑战少了,你会更有自信,更能发挥你的优势。这样你成绩会上去,心态会更好,学习效果不是下降反而会上升。所有这些的关键是你接受作为一个普通班学生的事实,在失败中看到光明,不要因为自己不良的心态而去造就更大的失败。一次的失败永远不代表以后的失败,而失败者一直沉溺于失败的不良情绪中,用不理智的方式来应对才会导致更多的失败。

记住:把痛苦、苦闷、彷徨的那些盐,放进大海里。塞翁失马,祸福心态定。

沈之菲

◎ 没有感到事情很严重

沈老师：

您好！犹豫了很久，终于鼓足了勇气，希望您能在百忙之中帮帮我。

曾经我是一个很开朗的女孩子，可在进入高一不久发生了一件不妙的事情，我发现我像那些男生一样长了“小胡子”。我的那些很要好的朋友，有事没事总爱拿我开玩笑。慢慢地我也变得不爱说话了。我很想和别人成为好朋友，可又害怕和别人聊天，害怕别人盯着我的脸看。心情时好时坏，学习也是时进时退，我感觉自己都快崩溃了。沈老师，请您一定要帮帮我，好吗？

期待您帮助的优优

优优同学：

你好！虽说是鼓足勇气才给我来的信，我还是为你的勇气而高兴，因为很多人也许想了好多好多次，但不能化为真正的行动。

你说你发现自己长了像男生一样的“小胡子”，觉得很严重，感到别人会一眼看到，害怕被人盯着看。我能理解你这样的烦恼和焦虑，因为你这个年龄开始注意自己的形象，开始为自己容貌上的缺点而烦恼，是再正常不过的事。很多很多你这个年龄的孩子都会有这样或那样的烦恼，有的感到自己长得矮，有的觉得自己太胖了，有的为脸上的青春痘而烦恼，有的为自己的单眼皮而哀叹，还有的为有狐臭而忧伤……这些在心理学上称之为“体象烦恼”。这是青少年心理上的共同之处，你的痛并不孤独。在你担心自己长相的同时，还会有不少人觉得你这算什么呀，他们在形象上的问题比你大得多得多，不信你去问问你的好朋友。你的好朋友之所以和你开玩笑，就是因为她们没有感到事情很严重，很多时候只是表示亲近。如果很严重的话，她们就不忍心和你开玩笑了，你可以去求证一下的。

忧忧，你现在是对你的"小胡子"过度关注了，以致造成了严重的精神负担。因为你的过度关心，才会把它看得非常非常严重，越看越厉害，感到其他人都在看你的"小胡子"。其实其他人也许根本就没有注意到你的"小胡子"很严重，甚至很多和你说话的人根本都没有看到。你可以想想，你和别人说话的时候，是注意他们说话的内容、说话时候的心情，还是关心他们的衣着、长相？当你把注意力全部集中在自己的"小胡子"上的时候，你是看不到其他东西的，也就没有精力做其他事情了。你肯定知道，世界上没有容貌十全十美的人，俊男美女如果用你看自己这么仔细的眼光看的话，不足之处肯定很多。长相不是那么重要的，比长相更重要的是你能接受自己的一切，好的、不足的、能展现你微笑的神情。

下面请切记：快乐不是长得怎样，快乐是一种心境；我们不能改变人生的长度，但我们可以左右人生的宽度；我们不能改变天气，但我们可以露出笑脸。

沈之菲

◎ 硬币的另外一面

沈老师：

您好！我是一名高二的学生，老早就想给您写信了，因为我认为我的问题如果再不解决，恐怕我就要崩溃了。我不想垮掉，我想坚强地活下去，通过自己的努力，创造自己的辉煌。

我自卑感特别强，因为从小在农村长大，和同学们在一起，总感觉自己身份低微。不敢去接触新事物，怕出洋相被人笑话。与人相处的能力也不强，脾气也不好，动不动就发火。这么多缺点，我都担心老师对我彻底失望。怎么办呢？

张芹

张芹同学：

你好！你说老早就想给沈老师写信了，沈老师也是想收到你的来信的。什么时候想给沈老师写信都不要犹豫。

你的来信让沈老师感动，因为你认真地剖析了你自己。你说你自卑感强，感觉身份低微，不敢接触新事物，怕出洋相被人笑话，脾气不好。能有这样的自我意识表明你真的是一个蛮有分析和自省能力的学生。虽然你只给沈老师呈现了你个性硬币的一个面，但沈老师看到了你个性硬币的另外一个面：内心善良、智力水平不错、刻苦认真、学习能力强、吃苦耐劳，懂得生活的辛苦、孝顺父母，有追求成功的动机。

张芹同学，在你看到硬币的一面的时候，别忘了看看另外一面。你想想，你看其他同学是不是也会看两个面，你会只凭借一个面就对同学失望吗？不是吧。沈老师都看得到你的两个面，老师和同学也会看到的。所以不要担心老师对你彻底失望，因为这肯定不是事实。

张芹同学，你说你的问题如果再不解决，就要崩溃。但是你的问题是什么呢？你所说的硬币的一个面看来并不是你的问题，因为你还有另外一个面。我们每个人都不是完美的，都有这样或那样的不足。这些都不是问题，真正的问题是你有一个理想自我。这个理想自我离开你的现实蛮远的，特别是相对于你所看到的这个硬币的面有点遥不可及。所以你对自己不满意，对别人也会不满意，对自己苛求，对别人也会苛求。这样的不满意让你的脾气变得不好，容易发火。

其实现实的你就是一个和大多数学生一样的高中生——"自卑感强—有成长的动力"、"身份低微—出生普通"、"不敢接触新事物—珍视人生的经验"、"怕出洋相被人笑话—追求他人的认同"，所有的这些特点很多人都有。要达到你的理性自我不是抹煞掉硬币的一面，消灭你所说的缺点，否则你会为奋力地刮也刮不去，因为太急迫，而留下累累的伤痕而终日懊恼。你真正可以做的是珍视你硬币的这个面，为这个面而高兴，把这个面擦得更亮，更引人注目。你看得到，别人也看得到。这样你会在快乐中不断地与你的理想自我更接近，这才是你努力用力之所在。

沈之菲

◎ 义无反顾地去做

沈老师：

您好！我曾多次在路上捡到面值 5 元或 10 元的钞票，捡到后感到很忐忑，想找失主，可是茫茫人海不知怎么找得到。同学们说既然是捡的，就买些吃的，自己消费算了，反正也不知道是谁的钱。但是我觉得拾金不昧是我们的传统美德，所以把钱投进了爱心捐款箱。不知道我做得对不对，请老师帮我解答。

zhuyuan09252

zhuyuan09252 同学：

你好！你拾金不昧的行为，在我们所接受的任何教育中，以及任何文化中都是一件合乎道德规范的事情，是一件对的事情。既然是从任何意义上都是好的事情，你就放宽心好了。

现在你的犹豫和不确定我想肯定不是拾金不昧本身，而是有同学的非议，这让你产生了怀疑的想法。且不说非议的同学实际上不会太多，而且大多数人心是向善的，况且都是受过多年道德教育的学生。如果你问了全班同学，肯定很多同学是支持你的。更重要的是如果这件事是毫无疑问对的事，那么，zhuyuan09252 同学，珍视你的行为，愈加肯定善良助人是这个社会向上的动力，更义无反顾地做这些好的事情。德蕾莎修女的话也许可以给像你这样想要向善的人以鼓励。

“人们经常是不讲道理的、没有逻辑的和以自我为中心的。不管怎样，你要原谅他们”；

“即使你是友善的，人们可能还是会说你自私和动机不良。不管怎样，你还是要友善”；

“当你功成名就，你会有一些虚假的朋友和一些真实的敌人。不管怎样，你还是要取得成功”；

“即使你是诚实的和率直的，人们可能还是会欺骗你。不管怎样，你还是要诚实和率直”；

“你多年来营造的东西，有人在一夜之间把它摧毁。不管怎样，你还是要去营造”；

“如果你找到了平静和幸福，他们可能会嫉妒你。不管怎样，你还是要快乐”；

“你今天做的善事，人们往往明天就会忘记。不管怎样，你还是要做善事”；

“即使把你最好的东西给了这个世界，也许这些东西永远都不够。不管怎样，把你最好的东西给这个世界”；

“看，说到底，它是你和上帝之间的事，而决不是你和他人之间的事”。

zhuyuan09252 同学，内心的平静来自自己对这件事的理解和肯定。如果需要别人给予你这一切，你会没有主见，人云亦云，活得很累，这样会离幸福的日子越来越远的。

沈之菲

◎ 坚持多方向尝试

沈老师：

您好！我听老师说，别看别人表面上都不用功，其实都报了各种补习班，暗地里在较劲。那一瞬间我觉得自己也该去报名，但下一瞬间又犹豫了。我不甘心就这样为分数奋斗，我害怕成为只会考试、心中只有分数的书呆子，我不愿让青春淹没在书山题海里。趁年轻，我想去看蓝的海、绿的草，去体验不同的人生经历，我希望我将来对青春的回忆不仅仅是黑白的分数和考试，而是色彩斑斓的，温馨的、伤感的、甜蜜的，我都要。我不知道为考试奋斗值不值得，我不明白要怎么走将来才不会后悔。

花吟雪

花吟雪同学：

你好！高中学习好紧张、好枯燥，个中的辛苦和乏味沈老师很能体认，这在你一生中也可能是最辛苦和乏味的日子。这样的日子里，思考自己的人生兴趣和方向，间或怀疑这样努力的意义，是很自然的，也是你这样的同龄人都会考虑的。

你说，你不想在将来对青春的回忆仅仅是黑白的分数和考试，想去看蓝的海、绿的草，去体验不同的人生经历，想去感受生活的色彩斑斓，温馨的、伤感的、甜蜜的都要，这些都是对的。沈老师觉得你是看到了阳光，也想朝着阳光而飞翔，但是你却飞错了方向。

美国康奈尔大学的威克教授做过一个著名的实验。首先，他把一只瓶子平放在桌子上，瓶的底部向着有光亮的一方，瓶口敞开，然后放进几只蜜蜂。只见它们在瓶子内朝着有光亮的地方飞去，结果当然只能撞在瓶子的壁上。经过几次飞行之后，蜜蜂终于发现自己永远也无法飞出来。它们只好认命，奄奄一息地停在有光亮的瓶的底部。

接着，威克教授把蜜蜂倒出，仍然将瓶子按照原来的样子摆好，再放进几只苍蝇。没过多久，苍蝇全部从瓶里出来了，没有一只留在里面。苍蝇为什么能够找到出路呢？原来它们坚持多方向尝试，飞行时或向上，或向下，或背光，或向光。一旦碰壁发现此路不通，便立即改变方向，最后终于找到瓶口，飞了出来。在这个实验中，蜜蜂和苍蝇的命运截然不同，其中的原因并不复杂：蜜蜂以为，“囚室”的出口必须在光线明亮的地方，于是不停地重复着这种所谓的合乎逻辑的行为；可是苍蝇，四下飞舞，找到了出口，真正奔向了光亮。

花吟雪同学，你看到了光亮，但是如果你现在不是趁少壮的时光去向着光亮的正确方向飞舞，那么会像蜜蜂一样，永远撞在瓶子的壁上，或许没有体验到你所要体验的人生，你就倒下了。你完全可以边学习边交好朋友，边了解社会边在假期里去看看海，这样的你学习生活丰富，各种体验都有。有一天，你会飞出瓶子，真正在广阔的天地里拥抱阳光。

沈之菲

◎ 尝试你自己的愿望

沈老师：

您好！我是一名高二女生，总是很迷茫，我太在意别人对我的看法了。别人说什么，我就很放在心上，并且一直想着。还有我总想成为别人心目中的那种人，怎么说呢，比如我有个同学那天说一个人掌握很多的植物知识或其他什么的就会很了不起，我听了后就开始偷偷学习了解各种植物。我觉得这样很累，总是在讨好别人，自己都觉得恶心，可又止不住。那么，我该如何克制自己呢？我该如何不在乎所有人呢？

白

白同学：

你好！你说你想成为别人心目中的那种人，“别人”那么多，你觉得他们心目中的那种人都是一样的吗？有的人心目中音乐家最了不起，有的人觉得科学家才对人类有贡献，有的人喜欢比尔·盖茨，有无尽的财富，而有的人崇拜特蕾莎修女，没有半点自己的财产，完全把自己奉献出来帮助别人……你看到了吗？别人心目中的那种人都是不确定的，有很多话别人也是随口说说的，不一定真的如此。即使是现在如此，也是此一时，彼一时，将来多数不是如此。那么你到底想做别人心目中的什么人呢？要满足所有人肯定是天方夜谭，那你又要做哪个人心中的人呢？这个人是谁，你为什么选择这个人？

白同学，沈老师这么说，你知道了你想成为别人心中的那种人原来并不合理。其实你是特别在意别人对你的看法，特别怕别人说否定你的话，所以你要讨好别人，其中真正的原因在于你内心不接纳自己。白同学，你也不用特别控制自己，也不要觉得自己恶心，因为内心不接纳自己，在意别人的看法，很多人身上都存在的，在中国文化背景下更是如此。因为我们小的时候，被父母或老师等重要的人物否定得太多，造成了我们不自信。如果我们一直生活在一个鼓励接纳的环境中，我们可能会更自信。尤其是处在你这样的青春期，特别在意同伴的看法，希望得到同伴认同，在同伴面前不自信，你周围很多同学都有这样的心态的。不信你去了解一下，那个被你认为说重要话的同学也许也有这样的心态。所以你大可放轻松，不要苛求自己。

人生是一个学习的过程，你有特别在乎别人的看法这一特点，虽不着急控制，但也可以在生活中慢慢改善。你可以学会爱自己，尊重自己的感受和想法，做事情的时候以自己的内心和意愿行事，试试看，你会发现这并没有什么不好。你一定要试的，只有试过以后才有自己的体会。心理学家研究发现，人内心中那些为自己而活的愿望，大多数都是一些很单纯的、既不伤害自己也不伤害别人的愿望。所以，大胆地去体验和尝试你自己的愿望，有一天，你会真正体会：蓝天越来越近越来越温柔/心情就像风一样自由/突然发现一个完全不同的我……

沈之菲

◎ 成为你自己

沈老师：

您好！我是个善良体贴的女生，时而开朗，时而又喜欢安静。有时会因为对身边的人太好而被喜欢，自己又不忍心伤害别人而不忍心拒绝，所以就过得很矛盾、很辛苦。但被异性朋友淡漠、遗忘，心里也会很难过。该怎么办呢？

忆月

忆月同学：

你好！像你这样善良体贴的孩子，沈老师碰到很多，也很喜欢这样的女生。因为接触过以后，会觉得这样的女生很温暖，很善解人意，也体谅别人的心境。这样的女孩可爱可亲的方面，请保留下来。

但是这样的女生和你一样，很“心苦”。你不懂得拒绝，自己感觉到了矛盾、不舒服、有点难受，这些都是真实的感受。这些真实的感受是在提醒你，这样下去不对。什么地方有问题了？在沈老师看来，问题是在你一切好行为的背后，你还缺了一个更重要的前提——成为你自己。如果没有这样的前提，你会觉得你所有的付出是得不到回报的。你会抱怨，你内心不快乐，好行为也会成为别人或是自己的负担。

“成为你自己”就是要好好爱自己，做一个真实的、独特的、精彩的自己，这是一个向内寻找、探索自己心灵的过程，也是一个发现自己、懂得自己、接纳自己乃至实现自己的过程。有一个绘本故事,叫《好好照顾我的花》。网上有,有机会看看。故事中小女孩罗兰的经历可能可以告诉你这些。

罗兰是一个长得非常矮小的小姑娘,给"巨人"莫亚做管家。每天,除了做饭,罗兰就到处洗洗擦擦,她让任何一道射进屋里的阳光,都照不到一点灰尘。巨人不是看书,就是写东西,不是画画,就是在想事情,他有时好像忘记了房子里还有罗兰这个人。时间一点一点地过去,他们俩的感情也一点点增加。最后罗兰觉得离不开莫亚了。

有一天,莫亚对罗兰说,他要出门去,过一段时间回来。罗兰独自居住在大大的屋子里。她想,除了莫亚,她要在心里装别的东西进去,她把巨人的书,一本一本拿来认真看。因为罗兰的个子小,她便从书架的最底层开始看,看完了一层,再往上看一层。有一天,当她想拿放在书架最上层的一本书时,罗兰发现她站起来就拿得到,用不着爬梯子,她发现自己不比莫亚矮了。当罗兰爱着莫亚时,莫亚就是她心中的巨人,而现在莫亚不再是她的世界,她长高了,看到了更远的风景,发现了更美的世界,她可以离开莫亚了……

心理学家罗杰斯说过:此生你唯一可以做的事情就是成为你自己。在你学习成长的过程中,好好爱自己,尊重自己的感受,探索自己,丰富自己的内心,找到自己的兴趣,发现自己的爱好,交朋友时更有自己的重心,这时候你会发现你内心变得好愉快,朋友也会更重视你。

沈之菲

◎ 一时的快乐

沈老师

您好！我一直坚信努力会有回报的，可现实却不是这样，我很努力，但却没什么结果。有时候我很想放弃，看着周围不用努力就成功的人，我真的不知道该怎么办！

冷雨

冷雨同学：

你好！很高兴你能来信诉说你的思考和苦恼。但是你所说的在沈老师的人生经历中有的碰到过，有的还没有碰到。你说，努力了，没有结果，这对多数人来说也不是奇事，但是你说周围人不用努力就成功的，沈老师真的不知道那是怎样成功的，也不知道你是如何得出这样的结论的，在沈老师的生涯里也没有碰到过。生活的规律是：努力不一定成功，不努力一定不会成功，这是这个世界的真相。所以冷雨同学，你也许也别无选择，只能继续努力。

努力能否成功沈老师不知道，但是沈老师知道努力可以让自己心安，努力可以让自己踏实，努力可以让自己快乐，而不努力的快乐却是一时的，最终是后悔和叹息。正所谓：少壮不努力，老大徒伤悲。

冷雨同学，你是一个高中生了，学到了很多知识，也会解很多题目，但这些还不是你高中生活的全部。只是会做题的高中生不那么有用，理解社会、看清社会

的真相才更重要。这里分享一个故事:

一天,几个白人小孩正在公园里玩,这时,一位卖氢气球的老人推着货车进了公园。白人小孩一窝蜂地跑了过去,每人买了一个,兴高采烈地追逐着飞在天空中的色彩艳丽的氢气球。在公园的一个角落里躺着一个黑人小孩,他羡慕地看着白人小孩在嬉笑,他不敢过去和他们一起玩,因为自卑。白人小孩的身影消失后,他才怯生生地走到老人的货车旁,用略带恳求的语气问道:“您可以卖一个气球给我吗?”老人用慈祥的目光打量了一下他,温和地说:“当然可以。你要一个什么颜色的?”小孩鼓起勇气回答说:“我要一个黑色的。”脸上写满沧桑的老人惊诧地看了看小孩,旋即给了他一个黑色的氢气球。小孩开心地拿过气球,小手一松,黑气球在微风中冉冉升起,在蓝天白云的映衬下形成了一道别致的风景。老人一边眯着眼睛看着气球上升,一边用手轻轻地拍了拍小孩的后脑勺,说:“记住,气球能不能升起,不是因为客观存在的颜色、形状,而是气球内充满了氢气;一个人的成败不是因为种族、出身,关键是你的心中有没有自信。”

冷雨同学,挖掘一下你周围同学的优点,再分析分析你自身的优点,珍视这些优点,让这些优点成为你继续努力的动力,你的努力也会更丰富这些优点。在你自己的气球里充满自信的氢气使之轻松地飞上天空,这就是你需要的努力。

沈之菲

◎ 得到的欣喜不同

沈老师：

您好！我是一名中等成绩的学生，我的目标是浙江大学。虽是中等学生，但我认为我能考上。在平时的学习生活中，想一想就充满了劲儿！但面对现在的学习状况，有时有些失落，感觉离目标有些远。我想请问：这是不是还是没自信的表现？我该怎么办？

南凯

南凯同学：

你好！作为一个有目标、肯努力、爱学习的学生，你是很值得肯定的。你的目标和努力的行为，已经足可以让你肯定自己、接纳自己了。结果如何不那么重要，无愧于这个过程就可以了。

你说面对现在的学习状况，有时会有些失落，我想这是这个过程中的常态。就像很多运动员一样，难以坚持的锻炼日程和痛苦而乏味的重复训练，会降低人们锻炼的意愿。一位长跑选手，他每次在经过艰难的长跑后，第二天早上醒来就会想："我有必要再这么跑吗？"但是转念一想他说："我别无选择，只有继续跑，因为我就是一个坚持跑的人。"正是这样的坚持使他成为一个成功的长跑选手。

学习成绩和人生的其他事情一样，难免起起伏伏、崎岖波折。没有关系的，咬咬牙，坚持住才会成功。这中间，能肯定自己的意志力是最重要的。这不仅仅是自古以来的经验之谈，更是得到了美国斯坦福大学心理学实验的支持。斯坦福大学心理学教授卡罗尔·德维克和瑞士苏黎世大学博士后韦罗妮卡·约伯研究发现：意志力顽强的人更自信。他们研究认为，如果不相信自己的意志力，在遭遇困难时，人们很容易感到疲劳，并产生厌倦情绪。相反，意志力顽强的人则更有自信，认为自己的能量不会耗竭，这种信念会使他们的精力更旺盛，从而获得成功。同时，在完成一些难度较大、很"费神"的任务时，意志力顽强的人更有耐力和韧劲，完成任务的质量更高。

所以，南凯同学，暂时的犹豫、失落、灰心、泄气等等都是正常的，这些不是没有自信的表现。自信就是在这样的犹豫、失落、灰心、泄气等等有点失去信心之时，依然相信自己能坚持住的，依然坚持你的学习，坚持你的目标，坚持你的努力。坚持比放弃要难，但是得到的欣喜是完全不一样的。

南凯同学，真正自信的态度是：你可以做任何事，如果它对你足够重要；你可以做任何事，但你可能不是每件事都能做到最好；你可以做任何事，但那也有许多限制；你可以做任何事，但你也需要帮助。

最重要的是，你要在困难的时候能够坚持住，有信心。

沈之菲

◎ 成长中的困惑

沈老师：

您好！读了“花季雨季”这个栏目，我觉得很有启发，我希望您也能帮我解决一些问题。

我觉得我是一个心理有疾病的人，不能与别人友好相处，觉得别人都不太喜欢我。有时，我想一个人独处，不想与人交往，有时又很想与人交往。我很羡慕那些有很多朋友的人。当我与谁成为朋友时，我不想让其他人加入里面，我觉得那样我们的关系就会发生变化，如果是那样，我就会选择退出。上了高中，我这种心理变得越来越严重，我开始看小说来解脱。没想到那些不良小说看多了，导致我不能正常上课，脑子里净是那些画面。我不知道该怎么办了。

希望走出困境的学生

希望走出困境的学生：

你好！沈老师看了你来信的开头，就知道你即使有些心理问题，也不严重，因为你勇敢地承认你自己是一个心理有疾病的人，而一个有严重心理疾病的人是不会承认自己有心理疾病的。看了你后面的描述，你的问题果然是很多人都有的问题，不是什么严重的心理疾病，有的只是成长中的种种困惑。

你说“有时，我想一个人独处，不想与人交往，有时又很想与人交往”，这是大多数人都会有的心理呀。因为人兼有独立性和社会性，这是一种正常的心理。

你说“当我与谁成为朋友时，我不想让其他人加入里面，我觉得那样我们的关系就会发生变化，如果是那样，我就会选择退出”，这种对友谊的排他性、纯粹性，想和朋友联系得更紧密、更信任，也是你这个年龄阶段的孩子所拥有的特点呀，这是一个学生纯净内心的反映。沈老师除了看到你的善良和单纯，其他并没有看出什么。

你还说“不良小说看多了，导致我不能正常上课，脑子里净是那些画面”，这里面有很多夸大的成分。我不知道你是怎么理解“正常上课”。正常上课也会走神的，有很多理由会让人走神。反正你是不良小说看也看了，想也想了，没什么可怕的，行为上又没有去做什么坏事情，所以大可放下心，继续学习，如果还要想，每天给自己一点时间专门想想，再把大部分的心思花在你要做的事情上。对自己想这些事的过度忧虑，才会更影响到学习。

沈老师读了你的来信，感到更可喜的是，你说你是一个“希望走出困境的学生”，这是很重要的一点。你希望走出困境，请珍视这个希望，把希望的力度加大。至于这个力加在什么地方，你上面的方向都错了。你不是要指责自己这个不好、那个有问题，而是更接受自己、肯定自己，因为金无足赤、人无完人。当你接受自己、肯定自己时，就不会害怕别人轻视你、否定你了。当你喜欢自己、相信自己时，心理状态会好起来，个人魅力就会显现出来，也不会怀疑别人对自己的态度了，不会为一些小事烦恼了，朋友也会更喜欢你，更愿意和你做最要好的朋友。

沈之菲

◎ 选择性注意

沈老师：

我 13 岁的时候因为生病吃药导致弱听，听力障碍像影子一样跟着我，悲观的情绪时不时就来找我。尤其是到了一个新的环境里的时候，别人的话要重复两三次我才能听清。别人说我“耳朵不好”时的口气和看怪物一样的眼神让我受不了。我会胡思乱想，我害怕被社会抛弃，我害怕成为父母的负担，有时候我甚至觉得人生走到了末路，再也无法前进。沈老师，您帮帮我吧，哪怕只为我写几句安慰的话也好。

漏鱼

漏鱼同学：

你好！你说听力障碍就像影子一样跟着你，让你的人生从此蒙上阴影，看到的是一片灰暗。你说是听力障碍让你这样的。沈老师说不是的，是你的选择性注意让你看不到其他的，只是看到听力障碍，是你的注意力出了问题。

很久以前，在山中的庙里，一个小和尚受命去买食用油。在离开前，庙里的厨师交给他一个大碗，并严厉地警告：“你一定要小心，无论如何你都不能洒出一滴油。”小和尚下山到厨师指定的店里买油。在回去的路上，他想到厨师凶恶的表情以及严重的告诫，越想越觉得紧张。他小心翼翼地端着装满油的大碗，专心致志地看着碗里的油，丝毫不敢左顾右盼，生怕油洒了出来。但是很不幸运，在

不要让选择性注意
遮蔽了你
生活中美好的风景

他快到庙门口的时候，由于没有向前看路，结果踩到了一个洞里。虽然没有摔跤，可是碗里的油却洒掉三分之一。小和尚非常懊恼，而且紧张到手都开始发抖，无法把碗端稳。总算回到了庙里，碗里的油也只剩下一半了。

另外一位老和尚知道了，他对小和尚说："我派你再去买一次油。这次我要你在回来的途中，对你看到的人和物多多观察，回来以后跟我做一个报告。"在老和尚的一再坚持下，小和尚勉强上路了。在回来的途中，小和尚一边端着油一边观察路上的风景，他发现其实山路上的风景真是美，可以看到远方雄伟的山峰，又有农夫在梯田上耕种。刚走了一会儿，又看到一群小孩子在路边的空地上玩得很开心，而且还有两位老先生在下棋。就这样，在看风景的过程中，不知不觉就回到庙里了。当小和尚把油交给厨师时，发现碗里的油，装得满满的，一点也没有洒出来。

漏鱼同学，从这个小和尚的故事中你体会到什么呢？如果你心中只有听觉障碍，你什么也注意不到，听觉障碍变成了一个非常大的问题。其实，你完全可以带着你的听觉障碍愉快地生活。你可以大胆地告诉别人你的情况，没有人会觉得有听觉障碍的你是怪物，你就是一个正常人。每个正常人都是带着这样或那样的问题在生活的。你会觉得：听觉障碍不过是一个小问题，是不时可以忽略的问题。

沈之菲

◎ 思考的命题

沈老师：

您好！我最近读了一篇文章，是毕淑敏写的，题目叫做《三百万亿分之一的概率》。这篇小小的文章对我产生了极大的影响，我整天都在思考这两个问题：如果我的父母当初没有结合，我会不会作为另外一个人而存在？为什么这个人是我？整天都在想，严重影响了学习。请问，我怎样才能彻底把这篇文章忘掉？

江月伶

月伶同学：

你好！你说你是受了毕淑敏写的《三百万亿分之一的概率》这篇文章的影响，才陷入了后面一系列的思考。其实，你的思考和毕淑敏的文章关系不大，因为有很多契机会引发你这样的思考。你思考的是人类很重要的命题："我是谁？我从哪里来？我要到哪里去？"这个命题的思考大多是从你这个年龄开始的，以后还会思考得很久很久。

"我是谁？我从哪里来？我要到哪里去？"这是很多人终极一生都在考虑的问题。孔夫子说自己，"吾十有五，而治于学，三十而立，四十而不惑，五十而知天命，六十而耳顺，七十从心所欲，不逾矩"，其中四十不惑，大概就想清楚了"我是谁？我从哪里来？我要到哪里去？"这个命题了吧。但沈老师知道很多超过四十的人不是不惑，而是中年危机，更是困惑。他们不知道自己是谁，从哪里来，又要到哪里去，而生命旅程已经过去大半，很多宝贵的时间已经流逝，回头不再可能，惆怅满胸，郁闷得很。

月怜同学，你现在开始想这个命题，沈老师要恭喜你，说明你开始长大了。既然这个命题是人终其一生都要想的问题，所以，你就不要急着有答案了，因为对这个问题，每个人都有不同理解，有不同的答案。你想到什么就是什么，因为这是你现在的理解，是你目前这个年龄、处在目前这个状况下的理解。随着年龄的变化，境遇的改变，这个答案是会变的，每个人都是如此。

更重要的是，这个问题的答案不是想出来的，而更多是做出来的，就像世界上本来没有路，走的人多了才成为路。你是谁，你要去哪里，需要你朝着你想的方向去做的，在做的过程中你会更清楚你要干什么，你能够干什么。想是代替不了做的，因为只有做了，你才真正对这个命题有所感悟。

所以，月怜同学，因为这是个一生都要思考和追随的问题，所以你不必整天去想，更不用把毕淑敏的文章忘却。你要感谢这篇文章给你的启示，惊喜于自己是能够思考的人。所以放松的心态对自己说"想就想吧，没什么大不了的!"每天拿出半个小时、一个小时尽情地去想，想过后，放下这个问题，剩下的就是你学习的时间、休息的时间、交流的时间和娱乐的时间了。

沈之菲

世间最珍贵的
是能把握现在的幸福。

◎ 能把握的幸福

沈老师：

您好！我现在读高二，成绩还可以，但是有一个问题烦了我好久。

在前几年，我的家境还可以，但是从去年开始，家里发生了一些变故，家境大不如以前了，所以我开始有自卑的感觉了。看着周围同学家都买了汽车，穿着耐克、阿迪达斯等，我很失落。虽然我知道我没有理由自卑，也有许多名人的事例证明人不能自卑，我也知道我要努力改变现状，但是每当我坐着摩托车看见别人的汽车时总会自卑，我也知道这是不好的。我很苦恼，希望您能帮我解答。

一个苦恼的男生

苦恼的男生：

你好！沈老师能理解你的苦恼，你是为你“没有的”或者“已失去”的感到苦恼和自卑，很多人都有你这样的苦恼和自卑，更不要说还没有很多人生经验的你呢。你知道很多道理，但你确实是不知道“珍惜当下”的道理，以后的人生经验会告诉你珍惜生活中拥有的比叹息生活中失去的要重要得多。

从前有一座圆音寺，在圆音寺庙前的横梁上有个蜘蛛结了张网，由于每天都受到香火和虔诚祭拜的熏陶，经过了上千年的修炼，蛛蛛佛性增加了不少。有一天，刮起了大风，风将一滴甘露吹到了蜘蛛网上。蜘蛛望着甘露，晶莹透亮，很漂亮，顿生爱意。蜘蛛每天看着甘露很开心，它觉得这是三千年来最开心的几天。

突然，又刮起了一阵大风，将甘露吹走了，蜘蛛一下子觉得失去了什么，感到很寂寞和难过。这时佛祖来了，问蜘蛛：“蜘蛛，这几千年，你可好好想过这个问题：世间什么才是最珍贵的?”蜘蛛想到了甘露，对佛祖说：“世间最珍贵的是‘得不到’和‘已失去’。”佛祖说：“好，既然你有这样的认识，我让你到人间走一遭吧。”

就这样，蜘蛛投胎到了一个官宦家庭，父母为她取了个名字叫蛛儿。一晃，蛛儿成了个婀娜多姿的少女，并且爱上了新科状元甘鹿。几天后，皇帝下诏，命新科状元和长风公主完婚，蛛儿和太子芝草完婚。这一消息对蛛儿如同晴空霹雳，痛不欲生。佛祖来了，他对蛛儿说道：“蜘蛛，你可曾想过，甘露(甘鹿)是由谁带到你这里来的呢？是风(长风公主)带来的，最后也是风将它带走的。甘鹿是属于长风公主的。而太子芝草是当年圆音寺门前的一棵小草，他看了你三千年，爱慕了你三千年，但你却从没有低下头看过它。蜘蛛，我再来问你，世间什么才是最珍贵的?”蜘蛛好像一下子大彻大悟了，她对佛祖说：“世间最珍贵的不是‘得不到’和‘已失去’，而是能把握现在的幸福。”

苦恼的男生，是你认真地想一想你当下外在的和内在的所拥有的时候了。

沈之菲

◎ 答案在风中飘荡

尊敬的沈老师：

很高兴您在百忙之中读我的信，我现在是高二的学生，马上就要进入高三，迎来决定我命运的高考。可是我却陷入了迷茫之中，情绪波动很大，而且直接影响了我的成绩，有时候甚至有很极端的想法产生。但是当情绪好转的时候，又觉得自己好傻，父母养育自己十几年，难道就换来了一句"对不起"。但是当我转过头来去学习的时候，又被那些莫名的题目打击得萎靡不振了。在好与不好之间我走来走去，好不苦恼。帮帮我吧。

周瑞雪

周瑞雪同学：

你好！沈老师很高兴你能来信，也很乐意给你回信。

在高中这样一个学习高压力的环境下，每个人的心理压力都是很大的，更何况处于青春期的孩子。情绪的强烈和不稳定，本身就是这个年龄阶段学生的特点，有情绪的波动、摇摆，一点也不特殊。实际上每个人都在好与不好之间走来走去，每个人都有迷茫困惑的时候，每个人也都有情绪波动的时候。不同的是面对情绪的波动，有的人能够管理它，而有的人却是沉湎于情绪波动的低谷之中，不能自拔。

沈老师耳边就有两首"答案在风中飘荡"的歌曲，代表着两种情绪管理的思路。

一首歌唱道：“有时候觉得很迷茫/有时候觉得很孤独/有时候觉得很无奈/为什么呢？要命的是，自己根本不知道为什么/寻寻觅觅，飘飘荡荡，不知何去，更不知何从/独自一人，漫步在雨中，任由秋雨洒落在漠然的脸旁/凉风吹过，猛然间，倏的感觉到风中似乎有些什么在飘荡/不只是雨丝而已，还有那迷茫，那孤独，那无奈/原来答案竟也在风中飘荡……”

另一首是这么唱的：“一个人要行多少路，才能被称为男人/白鸽要飞越多少海洋，才能在沙滩安眠/炮弹要飞过多少次，才能永远的消失/答案，我的朋友，在风中飘荡/一座山要存在多少年，才能成为沧海/人们要经受多少年，才能获得自由/一个人，要回眸多少次，才能佯装不见/答案，我的朋友，在风中飘荡/一个人要抬头多少次，才能看到蓝天/一个人要倾听多少回，才能耳闻呼喊/生命要消亡多少次，才能唤得真知/答案，我的朋友，答案在风中飘荡……”

这两首歌中表达的孤独、迷茫、彷徨的情绪，每个人都心有戚戚。前一首歌代表的是一种放任自己情绪低落的做法。后一首鲍勃·迪兰的歌，却是给了无数人面对现实、在疑惑中仍然努力地行动、实现自己倔强的人生梦想的力量。沈老师推荐的是后一首歌。

周瑞雪同学，在你情绪波动的时候，可以去户外走走，看看天空和绿草地，也可以伸懒腰，锻炼一下筋骨，还可以唱唱歌，听听音乐。多听听沈老师推荐的后一首歌，多想想后一首歌，做一个不管走了多少路，依然是一个有梦想、不肯放弃的人。

沈之菲

学习

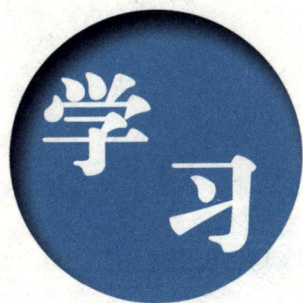

◎ 马拉松的乐趣

沈老师：

您好！我是一名刚上高一的学生，在开学之前上过一段学习班，我也一直认为自己的成绩还算不错。虽然高中的课程进度很快，但是自我感觉还能适应。可是，第一次的考试给了我当头一棒。成绩远没有我预料的那么好，心里很不安，感觉对不起对自己期望很高的父母。这一段时间自己在努力学习，可是，总是感觉没有什么收获，成绩也没有显著地提高。这是为什么呢？

另外，还有一个问题想请教一下，为什么每次我一进入教室坐在自己的位置上就感觉很压抑，压抑得自己无法呼吸，但是又不敢在外面耽误太多时间，我该怎么办呢？

端阳

端阳同学：

你好！看到你现在的状态，让我感到是一个马拉松运动员在跑步时的状态。尤其是跑马拉松累了的时候，会出现"呼吸困难"，如同你所说的"就感觉很压抑，压抑得自己无法呼吸"。我们每个人在人生的某些时刻都会有这样像跑马拉松累了的感觉，你问问你周围的人，他们是不是也有这样的时刻。我想答案一定会是：很多！

在马拉松跑步中，最累的时刻，也是最考验一个人意志力是否顽强的关键时刻。跑过马拉松运动员都说:“最累的时候最想放弃,只要坚持住了就会慢慢适应,不觉得累,不觉得苦,心反而定了。”“马拉松的真谛其实不在乎是否战胜对手,因为那个对手就是自己。”

跑马拉松这么累,却还是要跑的,因为在马拉松的过程里面有很多乐趣。马拉松是一个聚会的过程,在这个过程里面你会认识很多朋友;马拉松是一个交流的过程,没有哪个人会说他最有发言权;马拉松是个比拼的过程,谁先谁后,不到终点谁能那么确定;马拉松是一个体验的过程,个中的甜酸苦辣、五味杂陈,你不亲自跑跑,怎能知晓;马拉松是一个吃苦的过程,但人生的道理就是一分耕耘,一分收获,亦是公平得很;马拉松更是一个坚持的过程,坚持就是马拉松获胜的法宝,只有坚持才能冲过终点,只有坚持才能不断地超越你前面的选手,只有坚持才能甩开在你身后穷追不舍的对手。

瑞阳同学,我想你一定知道了我说的是什么,人生就像一场马拉松,你的学习也是一场马拉松。最难的时候、最累的时候、最关键的时候,我们所能做的,除了坚持,还是坚持,最后还是坚持……因为困难终会过去,天总会亮的。不过你不要忘记了,马拉松是一个有很多乐趣的过程,你是可以跑跑停停的。累的时候不妨停下来走走,休息一下再继续向前。因为这样的休息是为了让我们好好地吸吸氧气,让我们有更好的精力去跑,也顺便停下来看看沿途的风景,这样的休息使我们可以跑得更好。

沈之菲

把时间填满，
行动起来，
只有你自己才能真正帮到自己。

◎ 把你的时间填满

沈老师：

您好！我是一名高一的学生，自从上高中以来，我就终日被一些烦恼束缚着，令我神情恍惚，主要是以下三个方面。

首先，我课堂的效率很低。这主要是注意力不集中，总是禁不住要分心，就连参加比较喜欢的文娱活动也不例外。父母为此费尽心思，甚至怀疑我是不是心理出现了什么问题。

其次，高中三年的学习生活是人生励志图强的黄金时期，我给自己制定了大大小小好几个目标，决心也下了，可是没有坚持几天，就泄气了。这令我十分苦恼，明明知道错误却无法改正，我是不是真的是一个没有恒心的人？

最后，回忆总是美好的，对往事的回忆可以说是人之常情，可是我不一样，我几乎沉沦于回忆往事了，都快成往事的奴隶了。对现实生活，没有半点准备，感觉没有斗志，没有动力，感觉自己活得很痛苦。

沈老师，请帮帮我。

余乐

余乐同学：

你好！看了你上面的叙述，我想起了一个故事：

某君正在屋檐下避雨，突然见观音撑着伞走过来。他非常高兴，急忙说："普度众生的观音菩萨，您能否普度一次，带我回家？”“你在屋檐下，我在雨中，檐下无雨，何需我度？”观音回答道。某君一听，立即跑到雨里说：“现在，我已经在雨中了，这下可以度我了吧。”

“你在雨中，我也在雨中。你被雨淋，是因为你没有带伞；我没被雨淋，是因为我有伞。可见，是伞度我。你没有伞，应该去找伞，而不是找我。”说完，观音就消失了。

过了一段时间，某君遇到了困难，便到寺庙中去求观音。他走进寺庙，见一个正在求观音的人，竟然跟观音长得一模一样，便问：“您是观音菩萨吗？”“我正是观音。”那人回答说。某君更感到惊奇了：“既然您是观音，那为什么还要拜自己呢？”

观音微微一笑：“跟你一样，我也遇到了难事，但我知道，求人不如求自己。”

余乐同学，我很愿意帮助你的，但是我们都知道，只有你自己才能真正帮到自己。你对自己现在的三个状况分析得很清楚，所说的三个状况很多高中生都有，他们和你不同的是，他们没有长时间地“关注”这个状况，他们没有给自己“理由”或“时间”沉浸在这个状况里。

对于一个高一学生来说，最宝贵的是时间。所以，余乐同学，把你的时间填满，行动起来，先去做你的事情：学习、阅读、运动、绘画、音乐、谈心、做家务、帮助别人……都可以，不把空下来的时间留给回忆和叹息。这时候也许你会感到充实，觉得“没空叹息”，你会发现痛苦不知不觉地溜走了。

沈之菲

◎ 每临大事要有静气

沈老师：

您好！我是一名高二的学生，刚刚经历了文理分科，有些问题让我很烦躁与迷茫，渴望得到您的指点。

在高一的时候，我经过努力奋斗，让自己的成绩始终在班里名列前茅。但自从分班之后，我的成绩就一直下滑，无论我怎样努力，都是越考越差。我在苦恼中学习，每次遇到做错的题目或者不会的题目，就会克制不住自己的烦躁情绪。这种状态甚至让我对自己丧失了信心。现在高二的生活虽然刚刚开始，但是高三枯燥的生活很快就会来到面前，我好苦恼。如果在高三之前不能解决这样的问题，恐怕我的高三就不会有什么收获了。我也曾想让自己在快乐中学习，可是不知道如何下手。我现在感觉自己负担好重，压得我喘不过气来，我该如何走出我的迷茫呢？

朱榜

朱榜同学：

您好！知道你经历了文理分科以后情绪有点烦躁，成绩一直下滑，我也挺为你着急的。

不过朱同学，请你先深呼吸一下，深深地吸气，慢慢地吐出来。好！再做几下。是否放松了一点呢？现在，请你冷静想一想，到底成绩下降是因，情绪烦躁是果,还是情绪烦躁是因,成绩下降是果呢?也许你会说,这有点分不清。分不清不要紧,但是有一点可能是最根本的:你现在越考越差,在学习上的情绪烦躁是根本的原因。你现在主要的任务是平复自己对学习平静的心态。有句话说得好:"每临大事要有静气,唯有镇定,才能看清楚。"高考对你来说可以说是件大事,但也不是明天、下周就要进行的事,请镇定下来,仔细分析分析。

首先,先看看你文理分科后竞争是否更激烈了。因为你可以认为把自己最不愿意学的那门课丢弃了,选的是你的强项,但是别的同学也是这样的呀,所以,你认为自己原先名列前茅,现在一定是名列前茅,但这不一定合理。你要有接受更大的挑战、打更艰苦之仗的心理准备,你准备好了吗?

如果你有了这样的心理准备,你也许会更客观地调整你的预期,更从容地定位你的成绩,更心平气和地学习,这样学习效果反而会超过预期。现在离你高三毕业高考还有一段时间,你最重要的是把每天学习的脚步踏得更坚实些。就像你如果到了山西五台山下,一看台阶一千多级,如果你想算了吧,这么多的台阶怎么上呢?好枯燥哦,这怎么会有信心呢?怎么会快乐呢?不要急,这时候你可以看看周围,有几个做买卖的小贩从山上下来,肩膀上还挑着担子。如果你问问这些小贩,你们怎么可以走这么多台阶?这些小贩会怎么回答呢?他们会说,我们没有走很多台阶,我们每一次只走一级。这也许是你放下重压的秘诀:每一次走一级,只要你把每一级走踏实了,一直在走,你肯定能达到你预期的目标的。

沈之菲

◎ 你必须快跑

沈老师：

您好！不知道为什么，我现在感觉没有一丁点儿学习的动力，虽然吃过饭也跟别人一样到班里学习，但是看什么都看不进去，提不起精神来。也许是有鼻炎的缘故，整天头昏沉沉的。对于高考，我简直不敢抱任何希望，我也明白自信心是很重要的，但是总是提不起拼搏的劲头。班主任找我谈话，虽然也让我感动，但是一看到书山题海，我的那一点儿信心顷刻间就又土崩瓦解了。总的说来，我就是那种属于明知道问题所在就是没有信心去面对问题的人，觉得自己过得真的好失败。请您指点我，好吗？

林小海

林小海同学：

你好！看了你的信，我想到了狮子和羚羊。

非洲的大草原上，生活着羚羊和狮子。清晨，羚羊从睡梦中醒来，它想的第一件事就是：我必须跑得比最快的狮子还要快，不然我可能会被咬死。此时，狮子也睁开了眼睛，它想的第一件事是：我一定要跑得比最慢的羚羊要快，否则，我可能会被饿死。

如果你是狮子，你是会在百兽之王的桂冠下沾沾自喜，"普天之下、唯我最快"，还是感觉到"面对莽莽丛林自己一刻也不能松懈和庸懒"？如果你是狮子，你是会把捕食到羚羊作为一种天生的特权，还是作为生活中苦苦追逐后的必然？

如果你是羚羊，面临着与生俱来的恶劣生存环境，是会一味地为自己的命运多舛而抱怨上天的不公平呢，还是成天痛恨狮子们的无比残忍？面对残忍的狮子在后面紧紧相追，你是会自暴自弃、坐以待毙呢，还是加快飞奔，争取狮口脱险？如果你是羚羊，有幸脱离了狮子的追赶，是会为自己的劫后逢生而兴奋，还是苦练跑功以迎接更加凶险的明天？

不管你是狮子还是羚羊，你每天都得面临着生存的危机。如果你是羚羊，就得要跑得比最快的狮子还要快；如果你是狮子，也一定要跑得比最慢的羚羊要快。否则，你就不能在这个世界长久地生存下来。在物竞天择的宽阔天地里，狮子和羚羊所面临的源自求生欲望的压力是同等的。

林小海同学，你想一想，你是狮子还是羚羊呢？高考对你意味着什么？也许你不那么爱学习，这也没有关系，你喜欢什么呢？你的人生定位是什么呢？在你所定位好的人生中，你是狮子还是羚羊呢？这才是重要的。其实你是狮子还是羚羊都无关紧要，关键的是，每当太阳升起的时候，你必须快跑！

好了，林小海同学，大大地伸个懒腰，再把两个拳头握紧，告诉自己，道路就在眼前了，快跑吧！因为所有的狮子和羚羊都在跑，没有人可以帮助你跑！没有什么可以想的，行动比一切都来得踏实！

沈之菲

◎ 为自己而学习

沈老师：

您好！我是一名高中的学生。学校是重点学校，我在的班级也是重点班级，我的成绩呢，也算是中上等。但是不知道为什么，我越来越发现自己没有学习的动力，不知道为谁在学习，学习也让我不快乐，每天就像是木偶一样被家长催着，被老师看着，我感受不到学习给我带来的任何快乐。我并不是排斥学习，如果排斥的话，我恐怕就到不了这个学校了，我就是偶尔觉得很无聊，不知道自己在干什么，体会不到别人说的学习之后那种富足感，您能帮帮我吗？

林杰

林杰同学：

您好！你真的是一个不简单的学生，在重点学校、重点班级，成绩还中上，学习到这样的程度真的会有好多好多的同学羡慕你！你说你“越来越发现自己没有学习的动力，不知道为谁在学习，学习也不快乐……”这样的学生真的也是很多很多的。但今天能来这封信，说明你是一个爱思考的孩子。这样的思考是件很好的事情，它提醒你更早地明确学习的目的，有更早的生涯意识和准备，更快乐地学习。

不知道你听说过这样的故事没有，题目是《你为谁而玩？》。故事是这样的：

一群孩子在一位老人家门前嬉闹，叫声连天。几天过去，老人难以忍受。于是，

为自己而学习，

自己找到快乐。

他出来给了每个孩子 25 美分，对他们说："你们让这儿变得很热闹，我觉得自己年轻了不少，这点钱表示谢意。"孩子们很高兴，第二天仍然来了，一如既往地嬉闹。老人再出来，给了每个孩子 15 美分，他解释说，自己没有收入，只能少给一些。15 美分也还可以吧，孩子仍然兴高采烈地走了。第三天，老人只给了每个孩子 5 美分，孩子们勃然大怒，"一天才 5 美分，知不知道我们多辛苦！"他们向老人发誓，他们再也不会为他玩了！

听了这个故事你会有什么感想呀？在这个故事中，老人的算计很简单，他将孩子们的玩的内部动机"为自己快乐而玩"变成了外部动机"为得到美分而玩"，他操纵了美分这个外部因素，也操纵了孩子们的行为。如果有那么一些孩子，他们就是喜欢嬉闹，喜欢大家一块玩，喜欢暂时没钱但练好玩的技巧，以后会得到钱的，那么老人的"计谋"还会起作用吗？

林杰同学你也想想，我为谁学习？你学习最根本的原动力是什么？是通过高考想进一步达到的自己理想的彼岸，还是怎样的？不要让单调的生活、无聊的分数操纵了你的心情，让知识、好奇心、和同学在一起交流的快乐为你鼓劲儿，让未来的发展成为你学习的动力。你不需要时时、事事有富足感的，有那么些片刻就很好了。在辛苦的学习过程中停下来片刻，歇一歇，伸个懒腰，长长地深呼吸一下，对自己说一声：我要为自己而学习，我要自己找到快乐。

沈之菲

◎ 更好的方法

尊敬的沈老师：

您好！我是一位高二的学生，高中的学习，让我很紧张，但是来自方方面面的压力也让我应接不暇，让我感到特别累，想跟你吐露心声。

我是一个农村学生，通过努力考到城里的高中上学。平时很少回家，但是一回到家就会被我的家人围了起来，给我讲要好好学习，要考上好大学，要不然没了出路等等，听得我不胜其烦。我不想让我的学习与他们的脸面挂钩，那让我很有压力。我也想好好学习，而且我的成绩也不差，但是他们就是不知道鼓励我，或者问问我学习以外的事情，总是学习呀成绩啊唠叨个不停。唉，我还不能反对，只能乖乖地听着，弄得我现在周末都不想回家了。我该怎么劝劝我的家人呢？

周静

周静同学：

你好！作为一个很懂事的孩子，我知道你承受了很多。父母的唠叨和压力，在这样的岁月里，确实也是让人不免心烦的。你说你在家人唠叨得很烦的时候，只能"乖乖地听着，弄得我现在周末都不想回家了……"，我能体谅到你的无奈，因为这样的无奈是每个孩子都会碰到的，不仅仅是高中生，就像沈老师这样的成人大多也有过这样的时刻。

这只能说：父母有期望，父母会关心过度，这是父母的常态，你真的不孤独。十个妈妈基本九个如此，剩下一个的是爸爸唠叨。哈哈！这样逼得我们要学习一些更好的方法来对待，而不是躲避。因为和家人的相处之道以后在社会上也是用得上的，所以我们除了抓好我们的学习之外，再学点“更好的方法”，对自身的成长会很有帮助的。下面有几招，都是你的同龄人用过有效的，你也试试，看灵不灵。

第一招，对父母说：“我已长大，请放心，我会为自己负责的。”

第二招，问父母：你们当学生的时候，父母也这样唠叨的吗？如果回答是“yes”，那么就问他们那时烦不烦；如果回答是“no”，则父母也有意识了。

第三招：采用记者式。妈妈一个劲儿在那说，你就一个劲儿记录，妈妈喜欢翻旧账，把以前办的错事拿出来一遍一遍念叨，就记录妈妈每一个例子要重复说多少遍。拿出证据，妈妈也就笑了。

第四招：家人：“￥%……%&%……&……”我：“我有点事先出去了。”暂时走开，乘机散步一下。

第五招：回到自己的书桌前，翻翻一些鼓励自己的故事，或者爱看的动画片、幽默故事，就慢慢忘掉了那些烦恼，父母也会少说话，放心地看着你。

招数好多，慢慢尝试，再研究一下在你家哪种方法最有效，这也是一种研究性学习！

沈之菲

◎ 心烦不安

沈老师：

您好！很喜欢看您的解答，在学校我没有太多的朋友可以倾诉心声，在家里更不可能和家长用平和的语气沟通，只有请您帮忙了。

我是一名准高二的学生，在步入高中的第一天起就有一股前所未有的压力笼罩着我，在学习上我很努力，但是不管我怎么努力成绩总是提不上去。每次考试前几天心里很烦，东想西想，很久才能入睡。看着毫无起色的成绩，感觉前方的路好窄、好暗。高一已经结束了，我很矛盾，是继续走下去，还是另寻出路？您能帮帮我吗？

余萍

余萍同学：

你好！你能够来信真的很好，也做得很对。这个社会有很多资源的，学校有同学，也有老师；家里除了父母，还有亲戚；社会上除了有来信解答，也有免费的咨询电话。这些都是可以利用的资源，要能够善于利用资源。有困难的时候主动寻找帮助，是一种积极的态度，也是一个聪明的做法。

作为一个高中学生，感到压力很大，这是蛮自然的事情，因为有百分之九十想好好读完高中的学生，都感到压力很大，很多时候，正是这样的压力，才促使我们努力学习、追求上进。适当的压力是学习的助力，这不需要担心。但是因为压力而引起了我们过分的焦虑却是我们需要主动调节和克服的。下面的故事也许你可以读一读，再好好想一想。

一天，有源禅师来拜访慧海禅师，请教修道用功之法。他问慧海："和尚，你也用功修道吗？"慧海禅师回答："用功。"有源又问："怎样用功？"慧海禅师回答："饿了就吃饭，困了就睡觉。"有源有些不解，问道："如果是这样，岂不是所有人都和禅师一样用功了？"禅师说："当然不一样。"有源问："怎么不一样，不都是吃饭睡觉吗？"禅师说："一般人吃饭时不好好吃饭，有种种思量，睡觉时不好好睡觉，有千般妄想。我和他们当然不一样。"

你来信说你感到前方的路好窄、好暗，你认为是你的学习成绩没有起色，造成了你的担心。而我的看法却是相反的，我觉得正是你对道路的担心使得你不能专心于学习，学习效率低。看上去是努力了，却是心烦不安，没有真正用心在学习上，这样成绩怎么会有起色呢！你对道路的思考是在焦虑明天或将来的事，可是当下的学习却是你要把握的，否则你只能是胡思乱想，浪费宝贵的时间。所以，余萍同学，请你学习的时候学习，晚上睡觉的时候就把学习放下，安心睡觉。你试试看，成绩会一点点上去的。过度担心不表示用功，对成绩提高是一点用处也没有的。

前面的道路会越走越亮、越走越宽的，这与成绩没有必然的、因果的关系。

沈之菲

◎"射雕英雄传"

沈老师：

您好！我是一名刚上高二的学生，最近刚分科完毕，我选择的是理科，自忖还能应付得来。可就是一样儿，我的英语感觉很吃力，以前的英语虽然说不上优秀，但是也不算太差，可现在居然到了什么也不懂的地步。卷子上也是错题一大把。请教了几个老同学，回答千篇一律，提不出什么好建议。您能教我一些高招吗？

逸涯

逸涯同学：

你好！作为一个高中生，以前英语虽然谈不上优秀，但是也不算太差，进高二以后对英语感觉很吃力，卷子上错题一大把，这肯定不是英语学习的智商问题，而是英语的学习方法及努力程度的问题。对你来说，只要下功夫，一定是能够行的，沈老师没有高招，但有些门派介绍给你，你看看哪一种适合你。

有道是在英语学习的风云江湖，有四大派系，分别是"东邪、西毒、南帝、北丐"，上演了一场新时代的《射雕英雄传》。

"东邪派"激情刻苦两不忘。"新东方"俞敏洪说："绝望是大山，希望是石头，但是，只要你能砍出一块希望的石头，你就有了希望。""新东方"校训是：艰苦奋斗，奋发进取，从绝望中寻找希望，人生终将辉煌。

“西毒派”以西方国度的国际品牌行进。《新概念》二、三两册的课文，一般以幽默故事为主，适应了不同专业、爱好的学习者的阅读口味。各篇课文的语言风格大体一致，即便是科技类文章，行文也是活泼生动的，没有多少刻板的学究气。这些课文不仅宜于精读，还可以作为学习写作的良好范本。

“南帝派”的疯狂英语，则给英语学习方法抹上了另类，极具个性魅力，“剑走偏锋”的浓墨重彩。李阳采取了“疯狂”的做法，每天疯狂地大喊英语句子。根据“不敢开口、不习惯开口”的两大心理障碍和怕丢脸、怕犯错误的心理陋习，李阳认为，跳舞是跳出来的，游泳是游出来的，学英语是张口说出来的。

“北丐派”欢乐励志学英语。北丐派则提倡快乐、励志、轻松，学英语不再是件苦差事，提出“欢乐也能学英语”的口号，把英语变成“洋话连篇”的情景喜剧，给英语加入欢乐轻松的成分，又把学英语和励志相结合。

逸涯同学，你看到了，上述无论哪一派都是将英语学习与刻苦、快乐联系在一起。上述都是高招，你一定要脚踏实地地试一招，一定要再请你的英语老师帮你诊断一下你的具体问题，再把错题本、每日读、勤记忆用上，吃透语法、熟悉题型，肯定会有效果的。

沈之菲

撞上南墙时，
门可能在北墙，
或者在西墙上。

◎门可能在北墙

沈老师：

您好！谢谢您在百忙之中看我这封信。现在的我已经进入了高三，可是在学习中，我遇到了问题，您能帮帮我吗？

我是一个文科生，可是自从分科以来，我的历史成绩就没有好过，我都快对历史成绩失望了，我自己也很头痛。现在我一看到历史，心里就直犯怵。

我非常仔细而认真地背过历史书，做过历史题，可是很快脑子就一片空白，什么也回忆不起来。跟历史老师交流过，也尝试过很多种老师说过的方法，但是依然毫无起色。我知道我不能放弃，可是，当看到自己成倍的付出却换不来相应的回报时，心里难受极了，您能帮帮我吗？

刘娇

刘娇同学：

你好！你说为了学好历史已经和历史老师交流过，也尝试了很多种方法，但不见起色，又不想放弃，这说明你是有足够动力去学习历史的，而问题是我们可能要学会一些更聪明的办法。有时撞了南墙后我们还是会不停去撞南墙，其实南墙上是没有门的，门可能在北墙，或者在西墙上。

你仔细认真地做历史题、背历史书，但不容易记住，回忆不起来，说明你还没有理解历史、喜欢历史、把历史当作你的好朋友。如果我们只是要死记硬背电话号码的话，那么再认真也记不下多少的，同样，如果你只是把背历史仅仅当作背的过程，那么你学习历史的效果很难提高。反之，如果你把学习历史看作是培养思维的能力，在学习中形成你自己的观点，培养你自己分析问题的视角和逻辑，那么，你对历史的喜欢程度会完全不同，效果更是会有不同。

易中天说：历史有三种形象。第一种是历史形象，就是史书上记载的形象，历史学家主张的形象。第二种是文学形象，通过历史改编的文学作品，包括历史小说、电视剧等创作的形象。第三种是民间形象，民间信仰的东西，比如关羽，关羽在民间的形象和历史形象就差很远。刘娇同学，你有没有把历史形象化地看待呢？你现在学习的历史是当代人对过去的解读，是鲜活的。不要把它们看成是死的东西、过去的东西、没有用的东西，而是生动的、和现在有联系的、能启迪我们人生智慧的东西。这就更进一步，还是如易中天所说的：我们的民族是一个非常重视历史和历史感的民族，注重历史的人懂得人生。回过头来看看，我们可以发现，什么事情历史上都曾经有过，都有历史的影子。

所以，刘娇同学，你需要的是对历史有更多的理解，把做题目的过程看成你解读和理解历史的过程，培养思维力的过程。这样也许不用背，你就记住了，怎么也忘不掉了。

沈之菲

◎ 这不是因果关系

沈老师：

您好！我是一名高二的学生，我遇到麻烦了，请求您的帮助。

刚步入高中时，我很努力地往前走，每天都很努力地学习，不怕苦不怕累。很快，我进入了班级的前十名，每一次的进步都让我很高兴，觉得生活很充实。可是，现在的我却找不到那种努力的劲头了，每天都想偷懒一会儿，成绩也在逐步下滑。我想通过我的努力还能赶上去，可是当我拿起书本的时候才发现我的想法是多么的天真，我才真正理会到“学习如逆水行舟，不进则退”的道理。我开始讨厌学习，即使是最喜欢的科目也了无兴趣。该选择文理科了，我也很矛盾，不知道何去何从，沈老师您能帮帮我吗？

赵优优

小赵同学：

你好！很多高中生有你这样的烦恼，能把你的烦恼心态说出来，这样也就有了解决问题的基础。

你把学习上“暂时偷懒——成绩下滑——赶不上去——失去信心”的过程描述得很清晰，自己也相信了你的成绩下滑是因为这样的过程形成的，其实这样的假设也许一开始就错了。“暂时偷懒——成绩下滑”并不是因果关系，更多的也许是学习方法上的问题及讨厌学习的情绪才让学习效率降低。这个时候虽然你

抛开假设的因果关系，
兴趣是一切的基础。

也想通过努力学习补上，但是简单地增加学习时间而没有学习效率，还是不能提高学习成绩的。

小赵同学，我的感觉是你因为只是关注学习的结果，而没有充分肯定自己学习过程的乐趣，将学习变成了一件很痛苦的事情，这样越学越没劲，越学效果越差。当学习成绩不如你预期那样的时候，你就很容易讨厌学习，甚至是放弃学习，这样的学习效果更不可能好了。你在文理科的选择上也是你这方面问题的一个延续，因为对课程学习没有兴趣，不知道自己喜欢什么，自己的特长在什么地方，所以处于茫然之中。

兴趣和好奇心的驱动是一个人成功的重要动力，缺乏兴趣，会使学习进度变得缓慢，会影响到考试成绩。如果你能享受你的学习过程，为学习上的点滴进步而喜悦，你会更有学习兴趣的，你会全身心地投入学习中，而不会抱怨声不断了。

小赵同学，你要想提高你的学习成绩，先从培养你的学习兴趣入手，先把你最喜欢的科目再珍视一下，享受一下喜欢的感觉。在这一门上好好花功夫努力，改善这一门功课的学习方法，逐渐恢复对这门功课的学习信心。如果这门功课有信心了，再把信心迁移到其他课程的学习上。在选择文科、理科的时候，也先不要被热门、分数等问题干扰，想象一下自己将来会从事什么职业，你对哪个有兴趣就学哪个，兴趣是一切的基础。

沈之菲

◎ 先放好大石头

亲爱的沈老师：

您好！我高一的学习生活结束了，我发现我的数学和英语学着越来越吃力。虽然每天花费大量的时间去学习，可成绩却惨不忍睹。看着身边的同学轻轻松松搞定数学难题，我想破头也做不出来。我不知在没人的时候有多少次对着数学黯然落泪。渐渐地我开始担心我的未来，就这种成绩以后如何去参加高考。父母也开始训斥我不努力，我的自信慢慢流失，甚至已经影响到我的优势——语文和文综。老师我该如何是好？难道让我放弃所有的爱好，用上我所有的时间去补习数学和英语吗？老师，请帮帮我！

李雨桐

雨桐同学：

你好！先请你看看下面的故事。

有一个专家正在给学生讲课：“我们先来做个实验。”他拿出了一个宽口瓶，然后，把一堆拳头大小的石头一块一块放进去，直到一块也塞不下时，他问：“瓶子满了吗?”每个学生都说：“满了！”专家拎出一桶小石子，将石子倒进瓶里，摇动瓶子，石子一个个挤进石头中间的空位。他再问：“瓶子满了吗?”这时学生们提高了警惕，有的说：“可能还没满吧！”

他又拎出一桶沙子倒进瓶子里，沙粒流到石头和石头之间的缝隙里，他再问:“瓶子满了吗?”“没有!”这次全班响亮地回答。“很好!”这时他拿出一罐水倒进瓶子里,直到溢满瓶口。他看着全班问:“这个例子说明了什么?”

也许每个人对于这个例子会有不同的解答。这个专家是这样理解的:如果不是先把大石头放进瓶子,以后再努力也放不进去东西。

雨桐同学,你现在这阶段生活中的大石头是什么呢?在沈老师看来是你对高中学习的适应。适应阶段的任务就是保持优势、补上不足,所以你的时间安排应优先放在完成适应的任务上。爱好等等都是生命中很重要的东西,却是不急着先放进瓶子里去的,因为瓶子里放好了大石头,还是放得下的。但是你如果没有把主要精力先放在数学和英语上,而是强调先满足自己的爱好,或是沉湎在羡慕同学、悲观失望的情绪之中,大石头会放不进去了。所以雨桐同学,该花的时间是要花的,还需要请教老师帮助你诊断一下你的具体问题,改进学习的方法,这样你会逐渐适应的。作为一个高中生,你会赶上大多数同学的,自信心也会慢慢恢复的。

更可贵的是,你有语文和文综的优势,这非常好。你可以再进一步发挥你的优势,这非常非常重要,因为社会是看你的优势的,你所发挥的也更多是你的优势能力,不要因为自己的不足而自卑,而要珍视自己的优势,因自己有爱好、有优势而感到欣喜。

沈之菲

◎ 更聪明的方法

沈老师：

您好！我在学校学习中等，似乎是遇到了瓶颈，学习成绩总是提不上去，种种失败快让我失去了向前的决心。擅长文科的我却选择了理科，这让我感到很吃力。我也不知该如何去合理地安排紧张的时间，时常顾此失彼，不知如何是好。我有自己的目标，也有力量，可就是不知该如何发挥出来。我很想很想学好，因为那样才不会辜负我家人的希望。我数学基础很薄，物理很差，生物化学一般，擅长英语和语文，恳请老师您给我一份详细的建议，感激不尽！

一高一学生

一高一学生：

你好！你的叙述让我想起了《三个人和一个蜘蛛》的故事。

雨后，一只蜘蛛艰难地向墙上已经支离破碎的网爬去。由于墙壁潮湿，它爬到一定的高度就会掉下来。它一次次地向上爬，一次次地又掉下来……第一个人看到了，他叹了一口气，自言自语："我的一生不正如这只蜘蛛吗？忙忙碌碌而无所得。"于是，他日渐消沉。第二个人看到了，他立刻被蜘蛛屡败屡战的精神感动了，于是，他变得坚强起来。第三个人看到了，说："这只蜘蛛真愚蠢，为什么不从旁边干燥的地方绕一下爬上去？我以后可不能像它那样愚蠢。"于是，他变得聪明起来。

这个高一的同学呀，你真的很不错，因为你是上面第二个人。你有自己的目标，也有动力，不想辜负家人对你的希望，尽管碰到困难，你希望有力量去克服，这些都表明你是一个坚强的人。但是你现在要学得聪明，撞了南墙可以回头，可以绕过，可以转弯，可以选择更适合的道路前进。这些都是更聪明的方法，也是更智慧的道路。这是比你学习学科知识更重要的人生智慧，这是终身学习的任务，你高一开始学习，怎么都不晚。

你说你文科好，具体表现为数学基础很薄，物理很差，生物化学一般，擅长英语和语文，说明你对自己有蛮清晰的分析。因为有英语和语文的优势，说明文科不是你无奈的选择，却是优势选择，一个高一的学生，现在改文科完全是可以的。为什么你没有做这方面的小小努力呢？一个小小的努力，可以让你三年的高中学习更愉快，发挥特长，何乐而不为呢？

所以，这个高一学生，不是让沈老师给你一份详细的建议，沈老师也给不出来，因为沈老师没有你更了解你自己。你自己更知道哪方面你是痛苦吃力的，哪方面你是很开心轻松的，你听从你的内心做选择，这比听从家长、亲戚、同学、老师、专家的话要重要得多。所以，随心所愿吧，学做一个更聪明的人。

沈之菲

◎ 并没有道理

沈老师：

您好！尽管我并不是很了解您，但我有很多心里话想跟您分享。自从考进这所高中后，我的日子就没"好过"过，考试成绩一次比一次糟糕。到了高二，带着家人的期望，作为男孩子的我选择了理科，然而期末时，我全班排名倒数第八。我认为并不是我没用功，每节课我都十分认真地去听，可是发现无论怎样努力，还是听不懂，平时测验不及格也是家常便饭。看着别人在一点点地进步，我甚至怀疑自己的智力是不是有问题，是不是比别的同学蠢。我越想越生气，后来竟萌发了一种想法：反正我也是听不进了，干脆破罐子破摔。上课也就不那么认真了，有时上课干脆发呆。但是到了夜深人静时，我一个人躲在宿舍的厕所里哭泣，我知道自己不能这样做，但我又能怎样？

一个无助的学生

无助的同学：

你好！沈老师看了你的来信，能深深理解你的无助，但是你想过没有，你这样的无助是来自什么？不是你的现实，而是你对现实的解释是错的。

我们脑子经常会充满一些社会上习以为常，好像是有道理，实际上一经思考并没有道理的话语。这些话语很多是我们长期以来接受的教育模式造成的。我们通常会认为家长说的、老师说的话一定是对的，我们做题目也只是寻求一个标准的答案，但是事实并不是如此。

你说“作为一个男孩子的我选择了理科”，这一点道理也没有。男孩子选择文科的多了去了，为什么作为男孩子要选择理科。如果你不擅长理科完全可以选择文科的。

你说“看着别人在一点点地进步，我甚至怀疑自己的智力是不是有问题，是不是比别的同学蠢”，学习没有进步，原因很多，可能是自己不喜欢，可能是自己学习方法不对，可能是自己放弃努力了，或是自己的努力方向不对，但是得不出比别的同学蠢的结论的呀。每个人有不同的智能特长，作为一个高中生，你有比很多人有优势的智能，不蠢的，学习不好根本不代表人蠢。

你说“我一个人躲在宿舍的厕所里哭泣，我知道自己不能这样做”，夜深人静，正是好好安抚自己的情绪，舒缓自己情绪的好时机。如果这个时候想哭就哭吧，不仅对缓解紧张、焦虑、失望的情绪有利，而且对健康也是一件好事，这是对的事呀，为什么你说不能这样做？

所以无助的同学，你要做的是将这些错误的观念再仔细辩驳一番，你会发现原来自己很多的观点不是那么绝对的，很多事情仔细一分析原来是没有道理的，更不符合这个世界的普遍规律。高中生了，要学会自己思考，戴上自己经过思考的眼镜来看世界，这样的话，你的心会觉得更亮堂，内心的无助感会大大缓解。

沈之菲

◎“看因”和“看果”

沈老师：

您好！在我们学生的眼里英语是一门决定成绩的学科。可是我对英语就是没有入门，考试单单英语成绩就能与别人差近一百分！马上就要面对市里的统考，我真的很担心。如果这样下去，我也怕我过不了明年的学业水平考试。真的很希望老师能帮帮我，我不能再让英语拉我后腿了。

浩子

浩子同学：

你好！我从你的来信中看到了你的担忧，沈老师帮助不了你学习英语，但是沈老师看到了你的思考模式的问题，觉得这样的思考模式确实是有很大改进的必要，因为你把“畏因”和“畏果”颠倒了。

我们常说到“因果关系”，“因”与“果”互相关联，密不可分。凡事之果，均由“因”造成；凡事之因，必会造成一定的“果”，“果”怎样，取决于“因”是好或是坏。简单地举个打猎的例子。两个人一块打猎，结果没有一个人打到猎物。于是，其中一人反思：“我的枪法如何？我瞄准目标了吗？我是否在猎物出没的地方打猎？现在的气候条件猎物会怎么样？我是心太急了，还是技术不够高明？”另一人一直苦恼：“唉！今天真是倒霉啊，时间白花了，一个猎物都没打到，下次可能还打不到，早知如此就不折腾了……”这两个人，就是极典型的“畏因”与“畏果”。

前者即使这次没能打到猎物，可是积累了经验，收获了心得，可以肯定的是下次他会少犯之前的错误，有个好的结果。后面那位呢？他还停留在之前的抱怨之中，没有寻求到和以前模式不一样的新的改进的途径和措施，下一次的结果可想而知。

“看因”和“看果”差异如天壤之别，不在其他，主要在他们对待事情时所采取的思维方式。同样一件事，如果去思考造成这件事的原因，想着通过努力让事物朝着积极的方向去发展，久而久之，能量就会朝着积极方向积聚，会得到越来越好的结果。如果只是担忧结果，只看到结果，特别是不好的结果，能量会消耗在担忧和沮丧的负面情绪之中，只会阻碍努力的脚步。

所以浩子同学，不要再把精力花费在对市统考、明年的学业水平考试、英语拉后腿的担心上，这不仅不起正面作用，而且只会起到反面作用。索性放在结果上，从现在的基础出发，认真分析自己英语水平差的原因，向老师、同学请教，让他们帮助分析，该背单词的背单词，该补语法的补语法，阅读不足的加大阅读，没有什么入门不入门的。在“因”上花功夫下去，肯定会比你现在的效果好的，你的担忧也会相应降低。

沈之菲

◎ 边学习边补上

沈老师：

您好！我今年刚升入高二，我很想好好学习。但我基础太差，上课老师讲的好多东西，牵扯到高一的知识点，我都听不懂。所以我不知道我该怎么办，是先补高一的知识，还是继续上高二的课？或者是其他什么可以两头兼顾的方法？请帮帮我吧。

Tony

Tony 同学：

你好！基础太差，上课听不大懂，心中很着急，但内心很想好好学习，有这样的内心和动力，是一件非常好的事情。这样的动力会促使你学得更好的，请珍视这样的内心，保持这样要好好学习的动力。

你说基础差，说得比较笼统，是什么基础差，是每一门功课基础差吗？不是吧，文科的科目很多知识没有连贯性，多数没有听不懂的问题，只要掌握分析的技能，加强思维的广度和深度，花功夫勤于背诵，相信是容易学得好的。

你所说的理科科目，可能会牵涉到新旧知识联系比较多的问题，确实需要补上旧的知识。但是你的学习是在进行之中的，寄希望于把所有的旧的知识点补上，再学习新的知识的时候是不可能的。现实的模式是边学习高二的知识边补上高一的不足，这样才是两头兼顾的方法。

Tony 同学，也许要补上所有的缺陷，达到教学中所有的标准对你来说可能有一定的困难，你最重要的可能是做到以下两点：

1. 合理定位。你的思考点是了解自己到底属于哪一个层次的学生，起点在什么位置。据此定一个明确的目标，分层次有重点地学习，这样才能收到最佳效果。如果确实是基础不太好，应该牢牢抓住基础的题目，以教材和基础知识为主，不要强求自己去做高难度的题，切切实实抓住基础分。不能放松对教材的理解，用大量的时间和精力去攻难题，会本末倒置，结果是事倍功半。基础不牢，攻难题更费时费力，还不见得有多大效果，考场上不能多拿多少分，弄不好其副作用是失去更多的基础分。牢牢抓住基础分，拿下能拿到的分才是最根本的。你的时间安排上也以此为目标，将主要时间精力花在基础题上。

2. 树立信心。离高三毕业还有一段时间，如果能持之以恒地坚持学习，找准自己的长处和不足，相信一定会有所收获的。基础不好，也没有必要心灰意冷，一切从基础做起，碰到难题，回头是岸，以教材为本。不要跟人家比，只跟自己比，日积月累，肯定会提高的。关键是不要寄希望于一口气吃成一个胖子，而是逐步提升。你每天认真学习了，每天有所进步了，再回头一看，会发现自己已经登得很高了，再看看以前所认为的难点，也不那么难了。一定要多鼓励一下自己，自己为自己加油，和自己比较才是。

沈之菲

◎ 你的突破点

沈老师：

您好！最近刚期中考试，我的主科分数偶然考得特别高，一直在年级将近100名徘徊的我这次冲进了年级前十，父母很高兴，说我的学习终于上轨道了。可我在高兴之余，暗暗担心下次的考试，不知该怎么办才好。学习上虽然态度认真，但总是不肯刻苦，每次下定的决心，很容易就放弃了，老师总说我不踏实。我已经高二了，现在成绩再不冲到尖端就没机会了。我到底该怎么办呢？

迷惑的人

迷惑的同学：

你好！像你的情况概率很高，偶然考得特别好，没有什么要迷惑的，只是偶尔而已。偶尔的事在学校生活中是常态，学习时好时坏，成绩起起伏伏，每次考试基本上都有这样的学生吧。如果成绩很稳定，几年来基本保持比较好的成绩，那就是真正成绩好的学生。

所以，迷惑的同学，不要被一次的成绩迷惑了。你自己先把心定下来，也让父母不要迷惑了，自己平时基本上是什么水平，现阶段就是这个水平。父母的期望值、自己的期望值都是如此。学习是长久的事，不要因为一次考试成绩坏了心态，乱了阵脚，还是把心先踏实下来。

不过，沈老师绝不是说你的成绩不能进步了，沈老师相信不只高二，即使到了高三，还是会有奇迹发生的。这个奇迹的发生就是从你现在年级将近 100 名出发，以点到面，逐步提升。

现在你有了一次好的成绩，分析一下在这个好的成绩中哪一门你进步最快？这一门可以作为你的突破点吗？如果可以，在这门科目上加把劲，梳理知识点，该掌握的题目弄懂，该背出来的东西背熟。这样在一门功课上加倍努力，努力了，就会进步，就会提高。一时的成绩升降，都有偶然，而努力会有收获，这是必然。一门功课成绩提高后，你可以将在这一门功课上获得的信心、学得的经验，迁移到其他学科上去，以一门起步，各门学科逐一击破，相信一段时间下来成绩会提升的，奇迹会出现的。

所以，迷惑的同学，不要将某一点无限夸大，也不要觉得已经到了高二，成绩不冲到尖端就没机会了，把高中还剩下来的时间都视为了一个整体，所有的努力都是为了最后的结果。至于中间的成绩，进步了，可以欣喜，证明自己提高了；倒退了，也可以欣喜，因为得到了经验和教训。进步也罢，经验教训也罢，对最后的结果都有益。不执着于一次成绩的得失，相信努力，总不会错的！

沈之菲

◎ 并不过分的放松

沈老师：

您好！我是一名高一学生，虽是在强化班，可是成绩总处于二三十名。老师和家长都说我聪明有灵气，可我在自主学习方面缺乏条理、目的和毅力，即使定下了目的或计划，也总是纵容自己，因而成绩总是不能拔尖。到了周末，也会有些贪玩，爱在电脑上看动画片，而学习却依然不能形成良性循环。我该怎么办呢？

王泽

王泽同学：

你好！尽管你对自己有诸多的内疚，但沈老师能看出你是一个努力、聪明、追求上进、刻苦学习的好学生。但是你对自己还是有诸多的不满，觉得自主学习上有欠缺，有时会纵容自己，周末且只是周末会上网看动画片等。正是对这些行为的不满让你感到痛苦，让你觉得这些行为是你成绩不能拔尖的罪魁祸首。你觉得这些行为都是你的敌人，你消灭了它们，你的成绩会大大提升。王泽同学，沈老师想告诉你的是你错怪它们了，这些行为之所以存在，是有其理由的。大抵有以下诸多理由：

——很多人不觉得这些行为不好，人总是要放松的，周末玩一下、看动画片都不是问题；

——这些行为和你的学习成绩不那么相关，学习成绩受诸多因素的影响，如智力特点、学习方式方法等。在你前面的二三十名同学都比你用功吗？大概不是吧；

——你还可能从你的行为上得到了益处，周末放松一下，放松些许的时间，可能是情绪和体力的加油站，让紧张的学习压力得到缓解，学习起来会更有效率。

所以，王泽同学，你的放松等行为多数不是你学习成绩不能更拔尖的罪魁祸首，所以安心接纳这些学习中的并不过分的放松，感谢它们让你的疲劳有所恢复。让它们成为你继续学习的动力，而不是埋怨、谴责，为这些行为深深内疚。当你接纳了这些行为后，你的学习会变得更加愉快，对你学习成绩的提高更有帮助。

另外，王泽同学，在接纳这些行为，放下对这些行为的内疚之外，你更要做的是从内心寻找自己学习的动力。学习外显的是成绩，表现为你在班上能不能拔尖，这只是分数而已。还有分数或排名给你带来的好胜心，他人的羡慕，外界的称赞等等，这些对于你的学习动力来说都是外部的动力。而真正能够坚持长久的是你内在的动力。你内心真正爱知识吗？这些知识你能用来解释生活中的现象和问题吗？你学习的时候愉快吗？你希望以后从事的工作能用上你所学的知识和本领吗？对知识本身的思考和喜欢会让你在学习中更具有信心，很多时候，最大的问题不是自律，而是我们没有花工夫确定愿景——为什么要这么做？要求助于内心深处的价值观和动力，这是我们生命中很重要的。王泽同学，这需要你再好好思量思量。

沈之菲

◎ 改进学习方法

沈老师：

您好！高中上了近两年了，我还没有找到适合我的学习方法。有时候，连老师布置的基本作业都做不完，更别说有时间去扩展课外的内容了。我很好奇那些学习很好的学生是如何做到的。除了在学校学习，我还在课外补课。课外的老师讲得不错，但遗憾的是，我没有时间充分消化。我想考一所好学校，可是由于对学习的安排不合理常常让我在实现目标前迷茫。老师，你能帮我出出主意吗？

刘小榆

刘小榆同学：

你好！你是一个勤奋的学生，是一个追求上进的学生，也是一个爱思考的学生，这些都是你身上很好的品质，请保持下去。

你把你现在学习效果不理想归结为你的学习方法问题，是有一定道理的。每个人的学习基础和能力是不一样的，好的同学学习上的理解力、领悟力和举一反三的迁移力都比较强，所以解题会比较快，如果你不是这样的学生，不用比较，也不用急。人各有不同嘛，答题能力不代表所有的能力。

你现在所处的情况是既做不完老师布置的作业，又没有时间消化补课所学的知识，看来你确实要在改进学习方法上好好努力一下。下面的方法你可以试试，看看有没有改善你的情况的可能。在尝试中看看哪些方法适合你，再坚持下去。

第一，你说你想考一所好学校，这个目标明确吗？你真的希望实现这个目标吗？你的信心如何？是不是志在必得？请再强化一下你的目标，这样你会在学习上更用心、更努力、更不怕艰苦，也更能克服学习上的困难。

第二，给自己积极的暗示。在你面前题目很多时，你可以消极地对自己说“这么多题目我做不完”，也可以积极地对自己说“既然老师布置了，相信多数同学是做得完的，那么我也做得完的”。在这样的积极暗示下做题目，看看效果是不是不一样。

第三，分析一下自己的学情。看一看自己的薄弱环节在哪里，如果你是知识学得不太扎实，就自己试着整理知识点，将知识大纲整理出来，对每门功课的知识主干有个基本的把握，对自己知识掌握情况有个梳理。课外补习不是要去做你会做的习题，领会你会的知识，而是让老师诊断你的薄弱点和漏洞，补上你在学习上理解不足的地方。

第四，消化整理先于做练习题。影响学习效果最紧要的是消化知识，要多花些时间在自我整理和消化上；下决心均出时间先整理消化再做题，而不是像现在这样疲于应付，一味死做题。你会发现时间应用上会事半而功倍的。

沈之菲

◎ 和粗心做斗争

沈老师：

您好！我是一名高二的学生，我觉得我现在的学习出了问题，这让我很着急。每天，我都学习到很晚，而且做练习题的效果也还好，可是，一考试就不知道怎么了，会的题都写错了，这样错的题好多都是因为粗心。每次都考不出好成绩，这让我对自己失去了信心。我不知道我到底要怎么努力才能让自己的成绩有所起色。

迷茫的木头人

迷茫的木头人：

你好！作为一个认真的学生，平时做练习题的效果是好的，但是考试成绩却不理想，你把原因归结为粗心，可是就是因为这个简单的归因，让你对考试"粗心"问题粗心了，才造成了你的迷茫。如果对考试"粗心"问题能够细致分析、有效应对，相信你会慢慢恢复信心的，你的学习成绩是能够有很大起色的。

粗心问题，是每个学生都会碰到的问题。考试时，有没有从来也不粗心的学生？恐怕没有。考试在很多时候打的是心理战，出考题的老师会布下很多陷阱让知识点不稳固、审题不仔细、运算不扎实的学生掉入陷阱里。所以考试首先是一场细心的游戏，考试成绩的好坏就是和粗心做斗争的结果。理智、客观地对待粗心这件事，而不是简单地抱怨、懊恼，这是决定这场游戏胜负的关键。

粗心是个复杂的心理现象，很少有人在所有功课上都粗心的。所以迷茫的木头人，你需要分析一下你是在什么功课上特别粗心，因为就是在一门功课上，你也不可能是处处粗心。看看这样的粗心是否有规律可循，有没有“粗心点”，到了哪个地方就错，寻找这些规律，下次在陷阱面前就会小心多了。对症下药，是你首先要做的事。包治一切粗心的药方是不存在的，下面有些“趣味粗心经”，你经常读读，考试时注意。

◎ 最不该发生的粗心是在答题时看错符号、漏读条件、少字添字，以致让人不知所云。

◎ 最令人懊悔的粗心是已经做对了，却又生疑，最终下决心写下的竟是错误的答案。与其说这是性格的弱点，还不如说是由于实力不足。

◎ 最可悲的粗心是在曾经摔过跟头的地方又一次摔得鼻青脸肿，跌倒了却未真正爬起来。

◎ 最“自责”的粗心是侥幸遇到自己做过的题目却对细微的变化毫无觉察，最终重演了“刻舟求剑”的悲剧。

◎ 最愚蠢的粗心是犯下了上述种种粗心还自以为聪明，认为只是粗心而已。

其实对考试来说，粗心有时就是最大的错误，粗心问题不能粗心对待。

沈之菲

放下自己，
关心学习的本身。

◎ 关心学习本身

沈老师：

您好！看到您给别人解答的问题，我也想请你帮我解决一个长期困扰我的问题。高二以来，我的注意力就不集中，不是不想集中，而是不能。每天晨读时，看到别人津津有味地大声朗读时，我就很苦恼，我的嘴巴和思想就是不能一起动起来。老师一直强调要提高听课的效率，可是我现在这样的状态，怎么向课堂要效率？昨天，我咨询了我们班的一个尖子生，他居然也说了同样的问题，我们到底是怎么了？

秦涵

秦涵同学：

你好！很欢迎你能够来信，每一个来信的读者尽管有困惑，但是能意识到自己的困惑，这是走出困惑的关键一步。

这里有一个关于过铁索桥的故事。横跨地势险恶的峡谷，涧底是奔腾着湍急的水流，几根光秃秃的铁索横亘在悬崖峭壁之间被当作桥。山势的巍峨，涧水的轰鸣，越发烘托出桥的危险与简陋，经常有行者失足葬身涧底。一行四人来到桥头——一个盲人，一个聋人，两个耳聪目明的健全人。铁索桥，必须攀附才能过，路已至此，决无退路。四个人一个接一个地抓住铁索，凌空行进。结果呢？盲人过桥了，聋人过桥了，一个耳聪目明的人过桥了，另外一个则跌下铁索桥，丧了命。难道耳聪目明的人还不如盲人、聋人？他的弱点恰恰源于耳聪目明。盲人说，我的眼睛看不见，不知山高桥险，心平气和地攀索。聋人说，我的耳朵听不见，不闻脚下咆哮怒吼，恐惧相对减少很多。那么过桥的健全人呢？他的理论是，我过我的桥，险峰与我何干？急流与我何干？只要落脚稳固就够了。

秦涵同学，你碰到的问题可能和过铁索桥有点类似，你是过度关注了背景等无关的因素，并且被这些无关因素吓着了，更被周围人安心学习的状态威慑住了，也就更分心了，更无法集中注意力了。其实，你做得很好的是询问了班级里的尖子生，发现了他同样也有注意力不集中的问题。这个询问真的非常好，因为你不仅意识到自己有这样的问题，而且没有武断地认为别人都是注意力集中的。尖子生也有这样的问题，可见注意力集中与否不是影响到学习效率的唯一因素。

为什么同样遇到上课注意力不集中的问题，你是如此苦恼，而那个尖子生并没有苦恼呢？这中间的区别会不会是你太关注于“注意力”这个你自身因素了，从而忽视了学习上的疑问、老师上课的思路、习题的出发点等等直接与学习有关的因素？这样你上课的时候只是在关心自己，而不是放下自己。当你真正关心学习本身时，也许你就不那么关注你的注意力是否集中在这个问题上了，听课效率也不知不觉中提高了。所以，秦涵同学，注意力集中在什么地方很重要，把注意力从关注自己身上的一言一行中挪开，放到教师的授课、其他同学的回答以及每一道习题上来。

沈之菲

◎ 把你该做的事做好

沈老师：

您好！我们马上就要参加学业水平测试(小高考)了，复习压力相当大，可是此时我们的高考科目尤其是数学作业特别多，严重耽误了我们小高考的复习时间。但是作业又不能不做，因为我们班主任每天都要统计做作业人数，把没有交的人公布在教室的墙上，并且还通过手机短信发给家长。请问我该怎么办，如何在完成作业的情况下挤出时间来复习？

SGB

SGB 同学：

你好！

你所说的完成作业和挤出时间来复习这样一对矛盾的处理，最好问你的班主任老师。因为班主任老师比我更了解你们真实的情况，更知道别的同样碰到这些情况的同学会怎么处理。除了班主任老师，你还可以问其他的老师，或者直接问问周围的同学他们应对的方法。在这个问题上，沈老师帮不到你。

下面有一则故事，你可以先体会一下。

从前，有两个农夫，以耕种为生。他们是邻居，一个年纪比较大，耕种经验丰富，另一个很年轻，耕种时间短。一年春天，他们分别在相邻的田里种马铃薯。幼苗种下后，那个年轻的农夫心里总是不踏实，担心自己的马铃薯长得不好，长得不大，不但白忙一场，而且担心会遭到那个年老的农夫的嘲笑。他在家里很焦虑，两个月后的某一天，终于忍不住跑到田里，发现原先稀疏的幼苗已长成绿油油的一片，心里十分高兴，但他不知长在地下的马铃薯怎么样了，于是就忍不住刨开土看看。当看到刚刚膨胀的根部时，年轻的农夫就松了一口气，于是把土填上，乐滋滋地回家了。又过了一两个月，年轻的农夫心里又不踏实了，焦虑不安，于是又忍不住跑到田里刨开土看看。就这样，他反复了数次。秋天终于到了，当年轻的农夫再次来到田里时，发现自己的马铃薯全部死光了。他沮丧地抬起头，只见那个年老的农夫正在他的田里挖马铃薯。他的马铃薯不但一个没死，而且个个都是个大、体均。年老的农夫看到站在田里沮丧着脸的年轻农夫，说道：“每次当你不放心跑到田里刨土看你的马铃薯有没有长大时，你有没有注意到我在做什么？我在锄草、施肥、松土和引水灌溉。我不明白，你为什么总是那么着急和不耐烦？为什么总是担心你的马铃薯长不大？其实，只要你把你该做的事都做好，到时候马铃薯自然就长大了。”

沈老师想和你说的是：所有作业、复习、教室墙上的名单、手机短信等等，这些都是督促你把学科学好的形式。这些形式不是目的，你要做的是对改善学习效果真正有效的事。做哪些事才会让学习效果更好呢，这才是需要你思考的。你思考好了，你的学习也就安心了。动脑筋用心地学习比任何形式都有效。

沈之菲

人际

什么是"知心"？

来源于自己的要求。

◎ 10 分朋友

沈老师：

您好！上高中快一年了，我发现我找不到知心的朋友了，这让我很难过。在别人眼中，我就是那种所谓的“好学生”，除了学习，没有做其他的事情。但我自己很清楚我的兴趣不够广泛，也不喜欢和人交流。主要怪我，我这个人有点内向，什么事情都窝在心里，不愿意对别人讲，包括我的家人。久而久之，就养成了现在这样的孤僻性格，可是我的内心深处是渴望友情的。但是无论我怎么努力，还是发现无法找到可以交心的人，该怎么办呢？

辽宁　雪飞

雪飞同学：

你好！你说你个人有点内向，什么事情都窝在心里，不愿意对别人讲，这是你这个年龄学生的常态。很多成功的人，或以后话很多的人，在你这个年龄也是很内向、话很少的。有研究，在人群中，学龄前的儿童说话是最多的，其次是退休后的老年人，而说话最少的就是中学生了。你现在不爱说话，没有什么关系的，不需要强迫自己，也许你更年长一点、生活阅历更丰富一点，会变得爱说话的。即使你一直是一个内向的人，也没有什么不好的，因为很多科学家、哲学家、伟人、艺术家、创业者都因为发展了很好的内向能力而让自己能在浮躁的社会里沉静下来，独立思考，富于创意，最终获得成就。如果你把自己的心理能量指向自己，快乐主要由心而生，内向就更好了。

说到找不到知心的朋友，一个在别人眼中的“好学生”，一定是有朋友的。什么是“知心”呢？来源于自己的要求。我们将朋友依据标准打分的话，那么10分的朋友，你认为是怎样的？我这儿有一个朋友的标准，你可以看看。1分朋友，彼此认识，知道名字；2分朋友，路上碰到，会点头；3分朋友，在路上碰到了会一起走路；4分朋友，在食堂碰到了会一起吃饭；5分朋友，向他借笔或书，他会借给我；6分朋友，向他借饭卡，他会借给我；7分朋友，数学题不会做，他会教我；8分朋友，每天都和我一起吃饭；9分朋友，每天都和我在一起，一起吃饭，一起去教室，一起去寝室，形影不离的人；10分朋友，无话不说，是为兄弟。

雪飞同学，你希望要什么样的朋友，你现在的同学或朋友可以打几分，上述3分以上的朋友，就可以算知点儿心了，4分到9分，知心程度不断在增加。所以雪飞同学，你可以努力将你的同学再好好了解一下，再实践考察一下，你会有不一样的感觉。他们也许都是你的高分的知心朋友了。朋友不需要那么完美的。

10分就是兄弟了，只要你把这些朋友当兄弟了，那么他们也会把你当兄弟的。

沈之菲

◎ 苹果皮式的和谐

尊敬的沈老师：

您好！我是一个文科学生，数学也不是很差，但是英语总是不尽如人意。我的同桌正好和我相反，他的数学没有我的好，但英语总是前几名。也许别人会羡慕我们的互补，但是事实并非这样。当我细心地把他不会的数学题目讲解后，再请教英语题目时，却总是得来似是而非的解释。这让我挺伤心的。高中竞争再激烈也不至于这样吧。我很不理解同学之间为何会这样，这让我苦闷很久了，您能帮帮我吗？

王蒙

王蒙同学：

你好！作为一个勤奋的高中学生，你知道你学习的优势，知道你的英语不足，也想努力赶上，你真的是一个聪明肯学的学生，智商良好。但是，作为一个高中生，只是学习发展自己的智商是不够的，我们还需要发展自己的情商，学会怎样面对冲突。

很多学生和你一样，在不惜代价维持和谐关系的环境中长大，错误地以为无论什么情况，忍让总是不错的，会不顾一切地维持表面的和谐。就像苹果的表皮，很新鲜。当苹果里面开始慢慢地变质、变黑、变烂时，苹果的表皮看起来依然光鲜，心理学上称之为“苹果皮式的和谐”。这种“苹果皮式的和谐”只是表面的，

学会沟通，

化解“苹果皮式的和谐”。

其代价是内心的痛苦和冲突，遇到突发情况会情绪失控和爆发，这是不会处理人际冲突的表现。我们从小被教导要谦逊忍让，却没学过如何处理冲突，沉默和忍让也许并不能让关系亲密和持久，因为内心的疑惑一直是在那儿的，而且会越变越大。很多时候，敞开心扉后，会发现事实和内心的猜疑往往是不一样的。

王蒙同学，我想你选择沉默，选择自己苦闷，是因为不知道怎么说才好，怕说出的话伤害对方，不如“苹果皮式的和谐”。但是王蒙同学，请注意：把情绪说出来与把情绪发泄在对方身上是两回事。一个人有情绪，同时自知有情绪且能与别人讨论自己的情绪状况，是思想成熟的表现。无论情况如何，我们都应该学会用话语交流。只有充分交流，又掌握好尺度，照顾到双方的特点和当时的心情，才能学得沟通的方法，还能增进双方的友情，最终自己的情商在学习中提高。

所以王蒙同学，找个合适的机会，用合适的态度，直接和同桌探讨一下为什么他对英语题目的解释会似是而非。也许你的同桌还没有发现自己有这样一个“特点”呢！交流的目的是互相了解，增进关系，而不是发泄情绪、破坏关系。王蒙同学，请你试试交流的方法，高中时候不尝试、不学习，更待何时？

沈之菲

◎ 内心的光

沈老师：

您好！我无意中看到了您给有困难的同学提供心理帮助，希望您也能给我一些指导。

我生活在一个有“使命”的家庭里。从小父母就把他们没有完成的上大学的愿望寄托在我的身上，他们让我吃好的穿好的，目的就是让我好好学习，将来有出息。但是我的成绩实在是太平常太平常了。虽然平时学习非常努力，但是每次考试都不是很好，有时候及格都很难。别人不努力学习还能学习那么好，而我呢？唉，曾经不止一次地怀疑“功夫不负有心人”这句话。我很苦恼，明年就要高考了，从小就听人说上大学的好处，也从小就立志要考上好大学为父母争光。但就现在的成绩别说好大学，就是普通大学都很难。我很苦闷自己的愚笨，希望您能在百忙之中抽出时间给我个建议，让我这个自卑的小女孩走出困境。先谢谢您了。

李亚楠

亚楠同学：

你好！你说你生活在一个有“使命”的家庭里，父母把他们没有完成的上大学的愿望寄托在你的身上。那么亚楠，你看看周围的同学，他们是不是也有类似的使命：有的要完成父母“出人头地”的愿望，有的要满足父母在亲戚、同事面前攀比、炫耀的愿望，有的是肩负着改变家族命运的重托……凡此种种，不一而足。这些可以说是父母的期待，如果从这个意义上来说，我们都是生活在有“使命”的家庭。

可是，亚楠，你真的读到了读懂了你父母的期待和“使命”背后的愿望了吗？有的父母把这个愿望会挂在嘴边偶尔说说，可是，多数的中国父母却是在心里无数次地祈祷，在眼神里无数次地流露，在让你吃好穿好中无数次地暗示：我愿我的孩子这辈子快乐幸福！亚楠，你感受到了吗？如果没有，直接问问你父母。你想考上好大学为父母争光这很好，更好地是你能更深地体会这样的过程，享受这个过程，在这个过程中看到自己顽强的意志。很多同学都说，连高考都过来了，这辈子没有什么怕的了。所以亚楠，请把这个有点枯燥的过程变成一个自觉自愿想要获得知识、和同学们愉快交往的快乐的过程。这不是为了你父母，是为了你自己。因为为了你父母，你会苦恼，会觉得让父母失望；为了你自己，你会感到自己的进步，感谢自己的努力，为自己的快乐而学。

印度哲人克里希那穆提说过：唯一重要的是点亮你自己心中的光。亚楠，你内心的光是什么呢？是体会父母爱的滋润，是肯定自己的努力，是看到自己的勤奋，是享受有一群人一起为考大学而共有的奋斗。你真的不孤独，你是一个有爱、想爱，也将会是一个能爱的孩子。

亚楠，我已经看到了你内心的光，把这个光再点得更亮一点好吗？

沈之菲

交友的白金定律是：

别人希望你怎么对他，
你就怎么对他。

◎ 对关系的期待不同

尊敬的沈老师：

您好！跟您说说我的情况吧。我的班主任和我是朋友，我们无话不说。可最近，情况有些糟糕了。

高一的时候，他让我们每天抄单词，可是一年下来，我发现没有任何效果。我想尝试改变，我把这个想法告诉了他，他却说："你觉得没用，是浪费时间，那好，以后你不用抄了。"而我说我只是想照着自己的思路尝试一下，他却严厉地说："那行，你就照你自己的想法去做吧！"

老师的话让我好郁闷，我感觉我们好像闹僵了一样，我该怎么面对他？

盼盼

盼盼同学：

你好！看到你的来信，沈老师很感动，为你这样的一个淳朴的学生、为你细腻的情感、为你对老师的真情而感动。

从你和班主任老师的对话中，我看到的是老师明白了你的意思，也同意了你的做法。因为没有听到老师的原话，所以你所说的老师"严厉地说"我是一点也看不到，也一点也感觉不到。但是你却是好郁闷，感到和老师"好像闹僵了一样"。盼盼同学，为什么沈老师看不到，而你却感觉这么强烈？这是因为你格外在意，你内心有一种情感在心头，正是这种情感，使得你很在乎，也是这样的情感，使得你对一些话或态度很敏感，可能老师是平常的反应，但对你来说却是感到有些受伤，你是真正把老师当朋友了。

你说你和班主任老师是朋友，无话不说。是和同学间的好朋友感觉一样吗？是不是有些事，在任何人面前不敢透露半个字，可总想告诉他；有些话，在任何人面前不能说一句，可总想大声地在他那里倾吐；有些地方，在任何其他人那里都不想作半步的驻足停留，可总想和着他的脚步，一起逛逛走走；有些泪，在任何人面前都往心里流，可总想在他面前大胆地奔流，是不是这样的？还是有的时候，不需要说就已经明白对方的意思；有的时候，不需要交流就已经能读懂对方的心意；幸福着彼此的幸福，快乐着对方的快乐，他难过我也不好受，我痛苦他也会伤心，是这样的吗？我想，你可能说不是，但是朋友的感觉，就是这样的呀。

所以，盼盼同学，和老师有无话不说的朋友的感觉很好的，但老师毕竟是老师，你们的角色不同。找个机会和老师说说这事，也许他已经把这事忘了，也许他觉得你这个学生蛮坦率、蛮真诚的，也许他还感谢你的提醒呢。多数情况是，他和你对这件事情的理解和认知是不同的，因为你们的角色和对关系的期待是不同的。你试试！你可以像以前一样对待老师，这样你和老师的心还会更近一点的。

沈之菲

◎ 改变的着力点

沈老师：

您好！我是一名高二的学生，马上就要升入高三了，但是我在交友方面遇到了麻烦，希望您能在百忙之中帮帮我。

我不大爱说话，是一个性格比较内向的女孩子，但我很看重感情，所以有个朋友我很珍惜。但是从高一到现在，我真的觉得交朋友很难很难。高一交了一个好朋友——大家都说我们是无话不说、亲密无间的好朋友——现在居然连话也不说了，我找不到原因，也许是一不小心哪句话说错了。尝试沟通也没用，这让我很困惑。是不是我们这个年龄的人都这么敏感？为什么每个人都要把自己包在重重的壳中而不愿意和别人交流呢？

王胜男

胜男同学：

你好！

作为一个高二学生，能够意识到交友方面碰到了麻烦，主动求助，这是一个非常好的迹象，说明你想在人际智慧上再提升一步。确实，与人交往的能力和我们知识学习的能力是不一样的能力，也是我们以后走上工作岗位、进入社会、组建家庭、获得幸福快乐的非常重要的能力，你现在开始努力学习和发展这样的能力还不迟，只要你有决心。

成长“悟”语 >>> 108

从你的叙述中可以看到，你一是没有弄清楚为什么无话不说、亲密无间的好朋友会变得居然连话都不说，二是觉得像你这样年龄的人都很敏感、每个人都要把自己包在重重的壳中而不愿意和别人交流。这就是你对人际交往的观念和知觉能力，正是你这样的看法，才是你碰到交友问题的关键，也是你改变的着力点。

心理学的原理告诉我们，我们的情绪和行为的主要根源在于我们的信念，以及我们对生活情境的评价与解释。叔本华有一句名言：事物本身并不影响人，人们只受对事物看法的影响。我们自己是自己最大的敌人，但是自己也是自己最大的贵人。交友亦是如此，交友的黄金定律和白金定律同样是这样告诉我们的。

交友的黄金定律是你希望别人怎么对你，你就怎么先对别人；交友的白金定律是：别人希望你怎么对他，你就怎么对他。所以你需要在你的观念中寻找原因。“每个人都要把自己包在重重的壳中而不愿意和别人交流”，这样的看法完全是可以质疑的，因为首先你就不是如此，然后把你的希望好好整理一下，把它用到你想要交往的朋友身上，这时候你尝试沟通的方法是不一样的，你会有不同的情绪和行为去和朋友沟通，你会看到不一样的效果的。记住：“我”是一切的根源，我们可能无法掌控风向，但我们至少可以调整风帆；我们可能无法左右事情，但我们至少可以调整心情；我们可能无法改变容颜，但我们至少可以展现笑容。

沈之菲

◎ 表面的变化

沈老师：

您好！我是一名高一学生。去年我感到身边的很多事情都变了，尤其是妈妈。她的着装时髦了，到了中年也胖了，改变很大。我感觉我有两个妈妈，现在的妈妈让我很陌生，有时甚至抑郁。

由于想到过去的我总是很快乐，所以我很留恋过去的一切，不想面对现在。比如过去的壁纸旧了，妈妈要换，而我不想换；妈妈想要挪桌子，我也不让挪……不瞒您说，我这样已一年多了，我真的不知道该怎么办，希望您能帮帮我，我以前很阳光开朗……

齐箫

齐箫同学：

你好！你的心态变化也许你自己不理解，但是沈老师很理解。因为每个人在成长中都会经历过类似的心情变化，由此提出了大家比较认同的人生三境界：第一层：看山是山，看水是水；第二层：看山不是山，看水不是水；第三层：看山还是山，看水还是水。齐箫同学，你就是处在这第二层的境界：看妈妈已经不像小时候你认同的妈妈，看自己也不是以前快乐的自己，这一方面是你成长中有了不一样的体会，另一方面是你对自己本质的认识还不清，所以执着于外在的变化中。

齐箫同学，你是不是也像下面的剪了头发的公差一样，认不出自己了？

有一位公差，押解着一名犯了戒规的和尚去京城，他带着四件东西：包袱、公文、和尚和自己上路。日复一日，偏僻的小路上经常只有他们两个人在行走，很是寂寞，免不了闲聊几句。久而久之，彼此互相照应，关系越来越像朋友了。有一天，两人赶了一天的路，投宿到一个破庙里。和尚对公差说，不远处有个集市，我去给你打点儿酒，今天好好放松一下。公差心思松懈，就给和尚打开了枷锁，放他去了。和尚打酒回来，公差喝得酩酊大醉，酣酣沉沉地睡过去。和尚一看，机会终于来了。他从怀里掏出一把刚刚买来的剃刀，嗖嗖嗖，就将公差的头发剃光了。然后，他将自己的僧袍裹在公差身上，将公差的衣服自己换上，连夜逃走了。第二天，公差醒来，清点东西，准备继续赶路。他看看包袱还在，公文也在，抓挠着头皮看着自己穿着僧袍，和尚还在，心里就纳闷儿了，我到哪儿去了？

在人生的各个时期，孩子和妈妈的密切程度、对问题的看法和表达方式都会不同，你以后还会和现在不同。但是无论什么时候，亲缘、关怀、挂念是不变的。妈妈还是妈妈，你还是你，所以接纳自己的变化，也接纳妈妈的变化，因为这样的变化一直是存在的，但只是表面的变化而已。

沈之菲

◎ 深度分析一下

沈老师：

您好！我是一名高二的学生，最近我和同学的关系有点僵，原因是她们不顾我的感受，在公共场合大开我的玩笑，暴露我的隐私。然后她们又都说我爱生气，从而远离我了。沈老师，我该怎么办？

7 秒情殇

7 秒情殇同学：

你好！沈老师从你上述的讲述中读到了你的委屈，你是想和同学友好的，但是她们不顾你的感受；你是应该为此生气的，但她们说你不该生气；你生气的时候她们应该来主动安慰你的，但她们却是远离你。你是脸面也伤了，心也伤了，同学感情也生分了，和同学也疏离了，我想你是想想就委屈。

但是沈老师却是觉得你的"情殇"是好事。"情殇"了，正是学习情绪智慧的好时机，抓住这个时机，接纳你这样的感觉，分析这个感觉，再放下这个感觉。这个过程叫做学习，走过了这个过程，你就成长了。烦恼即是菩提，就是这个道理。

这个菩提是什么呢？就是更深的理解自己和理解他人。现在看来你的委屈是有道理的，但是深究一下，却是一点道理也没有。你觉得暴露了你隐私，但她们不觉得这是隐私的东西，也许很多人是这样的，或者是个人的无关痛痒的特点，算不上隐私；你觉得你生气是有理由的，应该生气的，她们觉得这是一点小事，也许是误会了，完全没有必要生气的；你觉得她们远离了你，也许她们早就把这件事忘记了，而你还在耿耿于怀。也许不是她们远离了你，是你还在生气或内心有疙瘩而远离了她们。7 秒情殇同学，你深度分析一下，是不是这么回事。

沈老师想起了一个老和尚和小和尚的故事。

一天老和尚和小和尚下山化缘。路遇一河，河流湍急，水深至腰，且无渡船。一年轻美貌女子也欲渡河，奈何河上无舟可渡，一筹莫展。老和尚发慈悲心，对女子说：“我可背你渡河。”女子迟疑片刻，思忖唯有这样才可渡过河去，于是答应了。待三人皆渡河之后，老和尚放下女子，与小和尚径直走了。行数里之后，小和尚终于还是憋不住心中的疑问：“师傅，男女授受不亲，况且出家人要远离女色。为何你要背那女子过河？”老和尚回答：“我们都已经走了这么远了，难道你还没有放下？”

呵呵，7 秒情殇同学，再想一想，理解一下，就此放下。一个高中生，就碰到“情殇”是件好事，表明内心开始体验，开始反思自己，开始自我觉察了，从此走上更理解自己、更理解他人的自我成长的道路，不要放过这个契机。

沈之菲

◎ 配上了一副显微镜

沈老师：

您好！我总是感觉我和别人不一样——那或许是自身的自卑或者什么原因吧。我喜欢交对自己有用的朋友，其他的就很少了！我学习有点差，但我总感觉差不是问题，只要在社会上有头脑还是有工作可找的！我想问一下，我这样的做法对吗？

东升

东升同学：

你好！作为一个高中生对自己所交的朋友圈有觉察，对自己的兴趣有所了解，这是一件好事，沈老师恭喜你，说明你的眼光比小时候进步了。你的交友特点不是因为自卑或者其他什么原因，而是切切实实地在成长中。

发展心理学的研究揭示了这样的规律：小学生倾向于选择与自己的兴趣、习惯、性格和经历相和谐的人做朋友，还倾向于选择品行得到老师或他人赞赏的人做朋友。但中学生同伴交往显示出与小学生不同的特点。从中学生开始，个体强烈的交往需要和渴望独立相并重，既更加留意别人，又沉浸在自我的世界中。而且中学生开始趋向于关系性交往，也就是喜欢交对自己有用的朋友，同时开始关注异性、希望接近异性。

这是成长的规律。成长让我们配上了一副显微镜，更深刻地看到以前看不到的东西。就如同你看海水，如果你没有显微镜，你会看到海水是多么晶莹透亮，但是如果将一滴海水放大 25 倍，你会看到充满动植物的“大观园”——一些对我们来说很陌生、很神秘的动植物就显现出来了。在一滴放大 25 倍的海水里，有无数小动物、小植物，它们被统称为浮游生物。“浮游生物”这个词不是描述一种特殊的有机体，是因其生命体太小无法游过大洋流的事实而定义的。浮游生物包括水体病毒、海藻和水中细菌，如螃蟹幼体、蓝藻、硅藻、毛颚类海虫，还有鱼卵等等，这些只有在显微镜下才能看到。

这些浮游生物本来就存在于海水中，只是我们没有显微镜看不到它们。虽然浮游生物会造成海水的不纯洁，但却是整个水生食物链中不可或缺的一个环节，如蓝藻是海洋氧气的主要来源，桡足动物可能是海洋中最重要的动物，它们构成了最丰富的蛋白质来源。所有这些浮游生物，都是大海一滴水的组成部分，生物因其多样而美丽。

所以东升同学，愉快地接受你的成长，更要锻炼你看事物的角度，包括看待自己的学习问题。学习好不代表一切，但是无论学习好与学习不好，都需要分析自己的长处和不足，分析自己的兴趣爱好和能力倾向，需要更深入地了解社会，了解职业，有一个对将来的目标和初步的规划。在学习和工作中，逐步接近自己的目标，并锻炼自己的心智和毅力。有了这样的思考，你才可以自信地说我的做法是对的，否则，没有深入思考和身体力行，如何看得出对与不对？

沈之菲

◎ 一切是当然的

沈老师：

您好！我是一名高一学生，班里的劳动委员。有时候班主任下达任务，有些同学在我的督促下依然是不闻不问。面对这样的情况，给班主任汇报吧，怕影响同学之间的友谊。不汇报吧，就得我一人完成。时间长了，我感到很矛盾。

思佳

思佳同学：

你好！沈老师真是万分地同情你、理解你，因为你当了一个非常苦的差事——劳动委员，个中的辛苦，夹在老师和同学之间默默地承受，真是苦不堪言。辛苦倒算了，还两头不着好，心更苦呀。面对这个矛盾，确实到了你要学得更智慧的方法的时候了。否则长此以往，矛盾的心态一直得不到解决，会引发内心更大的委屈和苦闷。

"劳动委员难当，劳动委员不好当，劳动委员不能当"这基本是多数学生的共识，所以你的苦不是你一个人知道，班上的同学、老师相信他们也知道，也不需要你多叹。现在你面对的矛盾情况可能是因为当初班级的劳动规则没有定下，如"逃避一次罚三次"。这样的规则需要预先制定，也需要老师开班会的时候大家达成共识。这样，遇到事情的时候，就不需要你去做"难人"了。大家按照规则办事，而不是以人情来思考和处理问题。

思佳同学，你要知道，重新订立班级劳动规则是需要一点时间、一点决心、一点行动、一点努力的。如果你觉得事情也不大，重新订立班级劳动规则太麻烦，不需要这么大的惊动，那么沈老师就教你一个笨办法。在你劝说同学无果的情况下，你自己乐呵呵地多做一点，索性在心里接受下来：劳动委员多做一点是当然的，没有什么要抱怨的。这对你也是一种人生修炼，你的辛苦和厚道相信老师和同学们也会看在眼里，认同和感谢留在心里。

有个高僧叫星云大师，他就是经过了无数的修行历程，得到了“一切是当然的”的信念与体悟。他回忆道：“我十二岁那年就在栖霞山寺出家了，在常住里是年纪最小的一个清众，脸皮又很薄。刚开始时，上课听不懂，下课也不好意思问。既不可以外出，又不能和他人来往。家书写好了，没有钱买邮票，好不容易熬到学期结束，学院放假，眼看同学们提着行李回家，我也跟着他们到大雄宝殿向佛陀告假。正要踏出殿门时，家师志开让人把我喝住，骂道：‘站住！回什么家！’我只得忍住稚子乍离家园对家乡的孺慕之情，禁足闭关。有时心里好苦，可是再想想：没有人要我出家，是我自己愿意的，所以也就视为‘当然’地接受下来。既是当然的，为什么要感觉苦呢？”

思佳同学，上述两个方向的思考会让你的内心更坦然和宽容，你择一试试看。

沈之菲

◎ 注意力放在哪里

沈老师：

您好！我总是莫名其妙地感到害怕，害怕他人会欺负我（很严重），在心底还很自卑，害怕和别人谈话时突然而来的尴尬和无言。是我不会和别人交往吗？怎么克服和战胜这些自卑和恐惧？

暗夜

暗夜同学：

你好！你能清醒地意识到自己与人交往的状态，能看到自己的自卑和恐惧，说明你对你人际交往的状态有一个比较清晰的认识。这样的认识有助于直面问题，最终解决问题。

暗夜同学，你提到了社交的恐惧，害怕他人欺负你，害怕和别人谈话时突然而来的尴尬和无言，这样的你肯定是尽量回避和他人的交往。表面上你是排斥和他人交往，实质上你是在排斥自己。在人际交往时，你感觉自己在他人眼里不完美、可笑、滑稽，甚至从他人眼里读出对你的不屑、蔑视等等，这样很容易把他人正常的行为、声音、表情看成是对自己的厌恶和藐视，会感觉别人要欺负你，自己也会感到尴尬和无言。正是这样的状态，你在和他人说话时，很多时候其实不是在谈话，而是把他人作为自我的“照妖镜”，照出的是你的自卑和对自我的排斥。这样状态的你，如何能和别人好好交往呢，更不要说享受和别人交往的过程了。

其实，暗夜同学，你的认识很对，要和他人正常交往，最主要的还是克服你自身的自卑。因为这样的自卑是你内心的，不是他人的，所以你在交往的时候索性坦然地承认自己不善社交、会紧张，允许自己可以无言、说话慢、停顿、搭不上话等等，接纳自己的不完美。这样将注意力放在了解对方身上，你会发现你会变得越来越自如了。

有个女病人的经历是否可以给你点启发：一个 22 岁的女孩，她的问题是不敢谈恋爱，每当有人要跟她介绍朋友，她会很惊恐。女孩的妈妈给她介绍了一个对象，下个礼拜要她去见面，怕她会惊恐地说不出话，所以来求治医生。医生对女孩说：“你先不要急着跟他谈朋友，你去跟他见一面，问清楚他的名字和年龄，回来告诉我就可以了。”复诊时，妈妈说这次她的表现不错，跟那个男孩谈了有半个多小时。女孩谈到当时情景时说：“因为我想的只是去问他的名字，没想那么多。”实际上医生是在做渐进脱敏治疗，医生把女孩去见男友这个行为的目的改变了，过去她见男朋友是为了交往，而现在见是去问医生想知道的信息。

暗夜同学，还有一点你也可以试试。如果你现在学习很紧张，那么你也不要把不会交往看成是病态行为和你的失败。你可以对自己说，我不爱社交，我可以有更多的时间去学习，去丰富知识，去追求内心的宁静。社交是要花精力的，哲学、政治、文学、科学上有成就的人多半是不喜欢社交的一群人。这样你是否安心了一点，这么想自卑也减少了。自卑的减少最终也会促进你人际交往能力的提升的。

沈之菲

◎ 改变的契机

沈老师：

您好！我是一名准高三生，我知道这个时候学业很重要，所以我尽量让自己的心保持平静，不与那么多的人交往。可是每天三点一线独来独往的生活好苦，每次去食堂的路上看到别人三五成群，而我就只身一人，就觉得心里很无助。有时我想找班主任诉说内心的孤独，可最后还是没去。一个人慢慢承受着孤独吧，每天就这样承受着，尽由别人风采吧，我努力地学习，学习……

内心总这样憋着也不行，沈老师您能不能帮帮我，我到底该怎么办？

一落叶

一落叶同学：

你好！沈老师收到你的来信很高兴，因为我看到了一片落叶开始思考他的存在了，开始看外面的世界和他的关系了，开始觉察心神不宁地努力学习不能排解他内心的孤独了，他开始不舒服了，这意味着他改变的契机到了。

从心理学上说，一个人不孤独，想一个人才孤独；一个人的努力学习并不苦涩，想和大家在一起又克制自己不这样做的人，内心是很孤独、很犹豫、很苦涩的。这样的孤独、犹豫、苦涩，你想改变，但不知道怎么办。正是当局者迷，旁观者清。一落叶同学，你有没有想过，你的苦涩正源于你的行为与内心声音的不一致。当你的行为违背了你内在的声音时，痛苦、焦虑、压力、孤独才一起袭来，才

听从内心的声音，
从心而做，
花开花落，
一样美丽。

让你只能承受,无从排解。

你说"每次去食堂的路上看到别人三五成群,而我就只身一人",你内心告诉你,你也可以和别人三五成群的,只要你愿意这么做。你说"有时我想找班主任诉说内心的孤独",你内心告诉你,你可以去和班主任说说的,但你没有去做。你说"我尽量让自己的心保持平静,不与那么多的人交往",你内心告诉你,这样不与人交往的方法不能让自己的心保持平衡。

一落叶同学,沈老师要告诉你的是,答案全部在你的书面中,在你的内心里,就看你愿不愿意从心而做了。这需要一些勇气,需要马上行动的力量。如果你有了一个去洗碗的念头,马上洗碗去,这就是天堂。地狱是问为什么,是"我晚点再做"、"我并不一定要去做"、"不该我做"、"这不公平"、"应该别的人来做"等等,无数个思考而不是行动,痛苦和内心的不平静就在这些犹豫、思考中产生。所以,听从内心的声音去行动,是件简单而快乐的事。

一落叶同学,听从内心的声音,从心而做,最终你将认识到,根本连声音也不存在,只有安宁和平静。这时你内心是很愉快的,你学习的效率是很高的,你会觉得花开花落,一样是美丽的。

沈之菲

◎ 父母的关系与你无关

沈老师：

您好！我的父母关系很不好，他们也从不当着我的面争吵，还要做出很和谐的样子，但是我能感觉到家里总有一种很特别的气氛，让我无法放松。所以即使是周末，我宁肯呆在学校里也不愿意回去。我想劝说他们，让他们和好，但是我不知道该怎么样说。马上就要上高三了，我不想在这种怪怪的氛围中继续待下去，我是不是应该告诉他们我已经知道他们关系不好的事实？

张琳

张琳同学：

你好！看了你的来信，我觉得你真是一个蛮懂事、蛮孝顺的孩子，你比别的孩子感受到、体验到的更多。从表面上看，你逃避回家，周末宁肯呆在学校里也不愿意回去，这些行为好像很不好，但是沈老师知道，你这个行为背后有着很正面的动机——你希望父母和好，你爱父母，只是你不知道如何去面对。你不知道如何面对的原因，是因为你没有认清家庭关系的真相，所以你的看法和做法都不那么对。

你说你父母关系很不好，但从不当着你的面争吵，还要做出很和谐的样子，这让沈老师很感动。因为你父母是真的很爱你，他们的动机也是很正面的，想不要妨碍到你，这样的父母比起很多不顾孩子的父母、大打出手的父母、互相攻击辱骂的父母不知道要好多少倍。张琳同学，父母是没有办法选择的，父母和孩子的关系是不能分割的，即使父母有罪过，他们仍然是父母，更不要说你有这么爱你的父母。对于你来说，他们是好父母，各自都这么爱你，为了你他们愿意妥协。

你说你想劝说他们，让他们和好，沈老师明确告诉你，这不是你的事情，父母之间的关系是父母自己解决的问题。尽管你们是有血缘关系，你有义务爱父母、接纳父母、孝顺父母，但是父母的关系与你无关，问题既不是因你而产生，也不是你要去解决或告知的。家庭治疗大师海灵格明确指出："父母的关系不关孩子的事"。所以张琳同学，让父母的关系回归父母，你只要做你作为孩子的事情就可以了。对现在的你，用心学习，在学校里健康快乐，周末回家多和父母沟通交流，说说学校里发生的事情，说说你看的书，说说你的交友情况，看看有什么要帮忙的家务等，可能是这个阶段的你最能为父母所做的事，是你爱父母的具体表现。

张琳同学，沈老师想告诉你的事实是：父母关系不是很好，这在中国的家庭中不是全部现象，也是在很多家庭中有的现象。我们的父母也都是凡人，他们和我们一样都是不完美的人，但是这和我们的成长是两回事。我们生在什么样的家庭是不能选择的，但我们可以选择从心底里理解父母，接纳他们的不完美，勇于接受和承认有些东西真的是无法改变的。我们可以在这样的环境中依然健康快乐成长，这是你的选择，这也是你的父母最希望看到的。

沈之菲

有时也许我们别无选择，
在这段日子里，
坚定地对自己说：

幸好没有更坏！

◎ 幸好没有更坏

沈老师：

您好！我现在心情很复杂，我是一名高三的学生，还有一百多天就要面临我人生的一大转折——高考。但是我现在的成绩很差劲，连 400 分都考不到。就这样还能在班里排到前几名，班里除了个别的几个人其余的都放弃了。上课也不能集中精力听课，下课连书都懒得翻一下，可能连老师对我们都失望了。我都感觉无法跟他们沟通，更别谈制订什么学习计划了。加之内向，寡言少语，所以朋友也很少，一天在班里说不了几句话。我感觉自己在慢慢滑向深渊，该怎么办呢？

一个焦急的高三女孩

焦虑的高中女生：

你好！高三了，处在这样的班级，紧张的学习，枯燥单调的生活，确实是很压抑、很难受的，你内心的郁闷和焦虑沈老师能感受到。从你描述的情况看，确实有点糟糕，学习成绩不那么好，班级学习环境差，老师也带着失望情绪，空气中弥漫着沉闷、紧张的气氛，除了这些，还有吗？沈老师想你肯定还有很多的不如意，还有从这个不如意出发而引发的对一系列更坏后果的推论。你这样想下去，是会越想越焦虑，越想越泄气的，越来越滑向深渊的。

但是这样的想法对你自身状况的改善却是一点用也没有。也许我们只有面对现实，承认现在是一段很难过的日子，不过“幸好没有更坏”。刘岩的经历可能可以给我们一些启发。

刘岩，青年舞蹈家，原先是奥运会开幕式中唯一独舞《丝路》的A角演员。在奥运会开幕前，她从三米高的跳台上坠下，胸椎以下高位截瘫。那段时间，她不主动跟朋友联系，也排斥跟社会的接触。在刘岩入院三个月后的一天，当年著名体操健将桑兰的主治医生，一个冰岛籍的美国医生Ray亲自赴华前来探望。Ray医生是这么说的：“你有没有试过问自己，你如果往上再摔10公分，你手臂就不能抬，你甚至不能坐在床上和我说话，只能躺着；你试着再往上摔20公分，你连语言的能力也没有，可能你吃饭都不能咀嚼，你要靠液体的注入……人生中时时刻刻都充满着意外，幸好没有更坏。”

焦虑的女孩，我们也许别无选择，只能选择换另一个角度看问题，但这可能是更好的选择。从另一个角度看，虽然很多同学不爱学习，但班上还有一些和你一样爱学习的学生；班上没有学习计划的同学，还是有很多其他的长处，和他们交谈也是很愉快的；老师们无论班级氛围如何，总是想学生学习成绩提升的；最重要的是你是爱学习的，否则你不会有这些焦虑和难受了，你这样的动力是最珍贵的。

高考对很多人来说都是一段蛮难熬的日子，对于你更是如此，也许是你一生中最艰难的日子，走过了这段日子，你会觉得自己慢慢从深渊中走出来了。在这段日子里，坚定地对自己说：幸好没有更坏！

沈之菲

◎ 寻找事实的真相

沈老师：

您好！我们刚考试不久，我这次退步了22名，顿时周围的一切都变了。好像以前的朋友都不理我了，好像不把我放眼里了，我觉得好孤独。在我无助的时候却没人来帮我，对朋友充满了怨恨。又想起在外打工的朋友没人给我写封信。好苦恼，老师帮帮我吧！

苏蓓

苏蓓同学：

你好！只是退步了22名，周围的一切都变了，这难道是真的吗？如果你有个好朋友，因为考试成绩退步了22名，你就不理他了，不把他放在眼里了吗？你是这样的人吗？如果你是这样的人，那么你没有必要伤心的，因为你也是这样对待别人的。你肯定不是这样的人，所以你才会好苦恼、好伤心，觉得好孤单。但是俗话说耳听为虚，但是眼见真的为实吗？这都不用心理学了，就是生活中的故事也告诉我们：眼见并不为实！

古时候有一对夫妻非常恩爱，丈夫外出经商，妻子守候在家。数月后，丈夫十分想念妻子，回家探望。当月上柳梢头时，风尘仆仆的他终于赶到了村口。家中那令人感到温馨的灯光促使他加紧了归家的步伐。当他快到自家屋舍时，却看到了使他十分痛心的一幕——窗口里映出了他日思暮想的妻子与一个陌生男子正在吃饭的情景，这时妻子还微笑着挟了一块菜喂到男人的口里，样子十分亲热。他立刻想到这肯定是妻子对自己的背叛，再不愿向前走一步了。愤怒之心使他毅然调头就走，从此再没有回来。当他白发苍苍之时，想到自己来日已不多，趁有生之年要解开那个令他心痛并一直耿耿于怀的心结。于是他又回到了当年的家，看到了他当年的妻子也已是满头白发，却孤独地一个人生活着。他不解地问她为什么。她说这么多年一直在默默等候着他，问他为什么一走了之，直到现在才回。他说出了当年的疑问。妻子坦诚地告诉他说那个男人是她失散多年的亲兄弟，只是来此地看望她一下而已……

这样的事多得不胜枚举，就连大圣人孔子也碰到过。孔子的一位学生颜回在煮粥时，发现有肮脏的东西掉进锅里去了，他就连忙用汤勺把它捞起来。正想把它倒掉时，他忽然想到，一粥一饭都来之不易啊，于是就把它吃了。恰巧这时孔子走进厨房，还以为颜回在偷食，就把他狠狠地教训了一顿。经过解释，孔子才恍然大悟。孔子非常感慨地说："我亲眼看见的事情也不确实，何况是道听途说呢？"

苏蓓同学，如果你先把你的心敞开那么一点点，你会发现四周你的同类人好多好多。他们和你一样不会因为你退步了22名就不理你了，他们也许也在埋怨你不给他们写信呢，他们想帮助你，只是不知道你需要怎样的帮助。所以，请你擦亮生活的眼睛，寻找事实的真相——你所想友好的同学也想与你友好，你所思念的同学也在思念你，你并不孤单。

沈之菲

两性

喜欢一个女孩子并不错，
但是也不要停下自己成长的步伐。

◎ 睡美人

沈老师，

您好！有个问题困扰我好久了，请求您的帮助。

我喜欢上了我们班的一个女孩子。虽然我很清楚高中阶段的主要任务是学习，但是，我无法克制自己的想法，我希望看到她。走廊上，操场上，当我一个人凭栏默默发呆的时候，满脑子都是她的影子。我曾尝试克制自己，让自己不要去想她，但是发现根本不可能，也许是自己根本就不愿意放弃思念她的想法。更可怕的是，我的这样的想法让我的老师知道了。班主任找我谈话，甚至还告诉我的家人。面对老师的“谆谆教诲”，面对家人的“耳提面命”，我不知道该怎么办。我不愿放弃这样的思想活动，但是，一想起周围人的态度，我退缩了，我不知道该怎么办。

宋爽

宋爽同学：

你好！你真是一个蛮有情感的学生，喜欢上班上的女同学，对她有好感，整天想着她，这样的情感真是很纯的，也是很美好的。我们之所以为人，就是我们都是有这样的七情六欲。

喜欢一个女孩子并不错，你满脑子有想她的念头也没有错，被别人知道后也没有什么，更不可怕。因为几乎所有的人，只要他们喜欢过，都会有这样的时候，你是一个很正常的学生。

但是，你还是错了。错误在于在喜欢她的时候你没有喜欢自己。如果你把所有的时间和精力都投入在整天发呆想你的女同学上了，那么你的时钟呢？你永远停留在这一刻了，你停止长大了，就像被纺锤刺过的“睡美人”一样，被催眠了，沉睡过去了。我想，老师和家人都不会因为你有这样的情感对你有什么看法，他们也会认为你这样是很自然的情感。但他们为你着急，因为他们不知道你要沉睡多久才会醒来，而时间是过得很快很快的，他们怕停止了长大的你就此赶不上班级同学了。

更为重要的是你这样的状态会使得你和你喜欢的女孩子距离越来越远，因为这个女孩她在成长，而停止成长的你在她面前会变成“小矮人”的。这时候你即使醒来也已经晚了。

宋爽同学，你现在知道了吧，你所有“曾尝试克制自己，让自己不要去想她”的努力是不必要的。你可以想她，想她的美好，想她的笑脸。因为很多时候，越想努力克服想她的念头，越会更加苦恼，越想克制反而想得更多，烦恼更甚。何不采取不在乎的态度，顺应自然，既来之则安之，接受这样的想法，以平常心对待。就像天气一样，不管其好坏，都应该任其自然。重要的是你一定要坚持去做你自己要做的事，带着你的美好情感，做得更愉快，这样你也同样走在成长之路上。

沈之菲

◎“尴尬”

沈老师：

您好！我是一名高一的学生，自从上了高中，我就感到很苦恼。

学习没有初中时那种如饥似渴的劲头了，而且还被感情上的事情困扰着。我喜欢上一位外班的女生，并且向她表白了。开始时，她对我还很好，后来就不冷不热了。我想忘掉她可就是做不到。我真的很尴尬，不知道如何是好。您能不能帮帮我？

陈强

陈强同学：

你好！

我很理解你因为感情的困扰而感到苦恼，更能理解你在碰到这个女生时候的“尴尬”。这样的尴尬是每个碰到类似你这件事的人都会有的，包括这个女生，所以你的情绪表现是人之常情。你还没有尴尬到“张口结舌、面红耳赤、心跳加快”吧，这样的你还是镇定的。深呼吸一下，告诉自己这没有什么。人生的精彩多数在下一站，关键是你好好整理一下你的心情。“尴尬”的时候可以做什么，胡彦斌的《尴尬》可以告诉你。

“其实不算什么，你不用想太多/你别为我伤心难过，什么都不用说/我懂得该怎么做，给我点时间去摆脱/不要罗嗦，不要见我玻璃都打破/见面不要太尴尬，别让别人看笑话/眼神简单别复杂，别紧张地叫我啦/见面不要太尴尬，我还是会逗你笑掉牙/你别以为我装傻，是我的心要比你大……”

真的爱过一个人，是很难把她忘掉的。既然忘掉她做不到，你就不需要努力将她忘掉的。你每一次努力地忘掉她，结果是提醒自己更记住她，何不顺其自然。做过的梦，有过的期待，走过的路，都是可以珍视的，承认自己爱过她，爱是一种美好的情感；承认自己爱她，而她可能并不爱你，接受一次的失败，以后你还会有新的属于你的感情的。如果你这样接受了自己，会更坦然地面对的，因为这样的接受，你也就更容易放下了。陈伟的《曾经》是你很好的参谋。

“我曾经错误地相信，有了你就有了一切/在现实的风浪中飘过/才知道你说的都是谎言/我曾经绝望地以为，失去你就失去一切/一个人走过了这些年/才发觉没有你我一样能活得美丽/所以我要谢谢你曾经给我的打击/让我有了承受，承受风雨的勇气/所以我要告诉你，我可以没有你/但是绝对不会，不会把明天放弃……”

陈强同学，你需要的不是努力忘掉她，而是努力地将“尴尬”变成“曾经”，更愉快地投入到学习中，这样你才不会错过看下一站的风景。

沈之菲

◎ 不了解

沈老师：

您好！我是一名高一学生，我烦了很久了。您能帮助我吗？

我是一个很重情重义的人，但这次我不知道该怎么办了。她是我初中的同学，但我们现在彼此似乎很陌生。原因是这样子，初三时，她告诉我她喜欢我，我没有拒绝她，也没有答应她，我们只是像朋友一样度过初中的最后时光，但她似乎不明白。高一上学期我对她说我们做普通朋友，虽然她接受了，但我知道她一定很伤心。所以我很愧疚，不能坦然面对她。她现在变得很吵，班主任对她很头疼。是我害得她成了这样吗？沈老师我应该怎样帮助她呢？

刘杰

刘杰同学：

你好！看了你的来信，我想到了一个故事的开头，这个故事是这么写的："女孩说我爱你，男孩笑了。女孩又说我真的爱你，男孩还是笑。女孩说你根本不爱我，男孩沉默了。女孩哭着离开了，跑得很远很远。男孩站在原地，怔怔地，他自言自语道，其实我也爱你，只是不知道怎么爱你。"刘杰同学，你和这个故事中的男孩有一点是相同的，有一点是不同的。不同的是你没有喜欢上你的女同学，相同的是你们都不了解女孩，不知道如何对待女孩，用了同样的方式让女孩误解了。

从一开始你就没有把自己和女孩的关系想清楚，更没有在行为上区分清楚。你的“没有拒绝她，也没有答应她”让女孩也误认为你是喜欢她的，你们也的确比一般的朋友更亲密一些了，否则也不会有高一你提出要做普通朋友的说法。做普通朋友没有什么不好的，但是是否是你说得太突然了，转折太快了，这让喜欢你的女同学会感觉自己的自尊受到伤害，感觉到自己受骗了呢。她越是很投入地喜欢你，越会感到伤心。

刘杰同学，你先不忙着帮助你的女同学，因为你还不了解她的内心。女孩的内心也许如歌词所说：“你是否能安慰我，就算是虚伪的我也会真心接受/和你一起这么久，你却连施舍的话都不肯说/冷冷的空气凝结成冰，就像你爱我的心慢慢变成一种折磨/爱我如果只剩愧疚，放我一个人走，我不要你有任何的难过……”一句话，说点什么，不要就此不理睬她了。

现在的你感到很愧疚，不能坦然面对她，说明你是一个蛮讲情义的人。但是这不代表你的处理方式也是好的，你并没有让喜欢你的女孩感受到你的情义。既然没有想和这个女孩做男女朋友，就将这个女孩当作你的哥们吧。想想你对哥们是怎么样做的，就怎么样处理和这个女孩的关系吧。哥们是很直接、很坦诚的；内心纠结得少，行为付出得多，想对方的需要，体会对方的心情，看到对方的长处，用优点去安慰和鼓励对方。如果你把这些处理哥们间的关系的方法做到了，你也就能够坦然放下了。人生是一个成长的过程，在这个过程中我们每个人不是天才，而是一个学习者。

沈之菲

◎ 内心的炙热

沈老师：

您好！十七岁的少女，怀着一颗炙热的心，想要追求自己心仪的男生。他，是我在网上认识的，就这样，我们早恋了。他并没有耽误我的学习，而是让我更加上进。我感谢生命中有过他，却也怕以后的日子里忘不掉他，因为他比我身边的男生都要优秀很多。现在我们分手了，我想再次追他，又怕他拒绝，我该怎么办？一个少年就这样住在我的心里，迟迟没有搬走，我该怎么熄灭内心中的炙热？请您帮助我，谢谢！

冰鸭鸭

冰鸭鸭同学：

你好！心有情愫，并且很清楚自己的内心需求，这是很好的事情，也是一个人内心丰富的标志。

你的困扰是要不要再次追求你心仪的男生，怕被拒绝。那么沈老师想问你的是你怎样看待上一次的分手呢？上次的恋爱给了你成长，但为什么会分手呢？把原因想清楚了，下一步的行动也就有了一定的方向了。

如果你和他是因为某种误会而分手的话，那么你完全可以大胆主动地去消除这个误会，给彼此一个冰释前嫌的机会，重新开始你们的恋情。

但是如果不是，是有一些原因使对方觉得你们不大合适在一起，那么分手也是一件不错的事情，因为现在的结束可能避免了未来更大的悲剧。分手只说明你们彼此不合适，不证明你们彼此的好坏，你们都可以是好学生，是很好的人。你可能是要感谢这恋情给了你学习的机会，让你下次更好地恋爱。

如果是对方并没有把你当恋人而导致分手，那么很遗憾，你就不要继续去追了。因为你们还是好人，只是不合适，而且他失去了一个爱他的人。而你只不过是失去了一个不爱你的人，有点可惜，但是没有什么遗憾的。社会上优秀的人很多，爱不爱你更重要。只要你不放弃爱自己，会遇到一个比他更爱你的人的。

冰鸭鸭同学，你说“一个少年就这样住在我的心里，迟迟没有搬走，我该怎么熄灭内心中的炙热?”沈老师有点不理解，一个少年住在你心里，迟迟没有搬走，这是一个青春期少女正常的心理，为什么要搬走呀？内心的炙热，为什么要熄灭？内心的炙热是热爱生活的表现，没有炙热才更不好呢。何况还可以把这样的炙热转化为爱生活爱学习的动力，化作对他人幸福和快乐的祝福，不是更好吗？正因为内心的炙热，你才能成为一个有能力爱自己爱他人的人，有足够的能力表达你自己，当然也会有足够的力量接纳他人的不接受，因为接受不接受是他人的自由。

沈之菲

◎ 在对的范围里

沈老师

您好！我是一个还读高一的学生，最近好像喜欢上了一个女孩，她认我做她弟弟。我每天都会想着她，想给她打电话。我知道我们这年龄本不应该去想这些的，她把我当她弟，我却想把她当那个（女朋友）。是我的不对，我好想不要再这样了，用心读书，可怎么也做不到。沈老师，我该怎么办？

星辰

星辰同学：

你好！你遇到了一个很多青春男孩都可能会遇到的问题，喜欢上了一个女孩，这是再正常不过的事情。从你的叙述中，沈老师没有看到你的不对。有这样的一个女孩吸引你，你喜欢她，想她，想和她多说说话，读书的时候也想她。所有这一切，都在对的范围里。

你不对的是带着一种强烈的观念：觉得你这个年龄只可以读书，想其他的书会读不好；想一个女孩可以，只当兄弟姐妹，但是不能当女朋友去想；如果我表白了我对女同学的想法，她拒绝了，那我就很失败，会让我学习学不好，等等。

星辰同学，你看看你内心的推理，这一切是合乎逻辑和理性的吗？读书是你学生生活的主要部分，但不排斥其他部分，包括要交友、要做家务、要社会实践、要关心长辈、要帮助他人等等。人绝不是只有读书这一件事，心中只有读书，不一定读得好的。

至于你要想的，就更多了。你的能力在哪里？哪些是你的强项？哪些是你的弱点？你想上什么样的大学？未来从事什么样的职业？生活在怎样的城市里？过怎样的生活？喜欢哪一类型的女孩子？为什么这样的女孩子吸引你？所有这些想法，一个高中生是尽可以去想的。只想怎样做题目的高中生，没有生活目标和方向，也是走不远的。

星辰同学，你想一个女孩没有错的，即使她把你当弟弟，你想把她当女朋友也没有什么错的。内心不要和这样的想法较劲，宽容自己有这样的念头，还可以把这样的想法作为自己的学习动力呢！如果这个女孩没有这样的意思，你也就坦然承认是你的单相思了。不过这也没有什么，她也没有错，你也没有错，曾经有过这样的情愫，也是美好的。如果你感到不被接受很痛苦，那也是你自我理解、自我探索、自我接纳的契机，促进你自我的成长，不要轻易用“本不应该”、“是我不对”来否定自己内心的感受。重要的是，在想这个女孩的同时，不要放弃想其他高中生可以想的事，也多做高中生可以做的事。生活绝不只有读书或者女孩两件事。当然，目前你读书占的比重是要最大的，这样就可以了。

沈之菲

◎ 都会害羞的

沈老师：

您好！我想请教如何与异性朋友交往的问题。与他们打交道时，我一说话就脸红、心慌，不敢看对方的眼睛，说起话来语无伦次，前言不搭后语；在一些公共场合更加拘束，非常不自信。有一次问男生一个问题，不小心碰到了他的手，立马就脸红得发烫，而且不知把手往哪儿放。最后把桌上的书弄得乱七八糟，还打翻了杯子，真是尴尬极了。从此以后，我再也没和这个男生说过话，也逃避和他坐在一起。不知自己到底怎么了，该如何是好？

艾草

艾草同学：

你好！从来信中，沈老师看到了一个很可爱的姑娘，和异性说话有点害羞，你肯定觉得你的行为尴尬极了，很囧的。但是沈老师知道，其实人只会对自己的行为最在意，而别人会忘记这样的行为，只看到一个很纯的，也是很吸引人的小姑娘。一个害羞的小姑娘其实有一份别样的美。不要说常人了，就是日本很有名的男演员木村拓哉，这么大的明星，在公开场合被问到一些问题，还是很害羞。他在表演时就带着这样的害羞的味道，结果影迷们评论他说他的害羞有女儿魂，他的孩子气、撒娇、害羞，来自最纯净的心灵，看来害羞不全是坏事。

带着每个人都会害羞的观念，
大胆地去和异性交往。

从青春期开始，对异性有好奇和好感，想和异性多说说话，这些都是很自然的心理。紧张、压抑、恐惧、心慌、脸红，这些也是一个内心有些羞怯的女孩子的正常表现，所以接纳自己会害羞的表现，不要把自己的注意力放在自己的行为表现上，而放在要想说的话题及对方的反馈上。

艾草同学，在注意力转移之余，你还需要了解一件事，就是你千万不要以为别人和你是不一样的，别人是不紧张的。其实如果你问问和你说话的你要逃避的男同学，也许他也和你有同样的感觉，也是紧张害羞的。有时我们内心有很多假设，诸如名人演讲时都不紧张的，成绩好的同学考试的时候都不焦虑的，善于讲笑话的人生活中肯定是很幽默的，那些谈笑风生的人内心是不焦虑的，其实事实远远不是如此。名人演讲的时候同样是紧张的，高考状元考试时也是会焦虑的，可能考试焦虑程度比一般同学要高，善于讲笑话的人很多生活中是很无趣的、不善言语的，而那些谈笑风生的人也许正是因为要用谈笑风生来缓解他们内心的焦虑。正如台湾李敖大师在北京大学演讲时所说的："演讲紧张不紧张？紧张！站在大庭广众面前，很多人可以指挥千军万马的军队，可是你让他讲几句话，他就缩了，不敢讲话……一个北京人，在一个大楼建筑里面，看到一个人在里面走来走去，嘴巴里面念念有词。那个小姐问他你干什么，他说我要到北京大学演讲。那个小姐说你紧张吗。他说我不紧张。她说为什么你不紧张，你不紧张的话，为什么要跑到女厕所来？"

哈哈，艾草同学，带着每个人都会害羞的观念再去说话试试。

沈之菲

◎ 恋爱的准备

沈老师：

您好！我是一名高二学生，我喜欢别班的一个女孩已经很久了。但我感觉她是那么的好，而我就像一个丑小鸭。我没有勇气向她表白，我感觉自己一无是处，越来越感到我很笨，以至于我现在不能安心学习，我该怎么办？

枯爱无期

枯爱无期同学：

你好！你的名字起得很有意思，确实是这样，沈老师也是这样认为的，枯爱是无期的。现在的你觉得自己是一个丑小鸭，一无是处，很笨，这样的状态内心是没有水的，要有水也是苦水，绝对不是爱情之水。你还没有准备好。在你没有准备好的时候，不要说你没有勇气去向女孩子表白，即使表白了也不会成功，即使她答应了你，以后你们的关系还是会维持不了的。因为你没有准备好。

譬如你是一个登山爱好者，想要去登高山，你会怎么做？出发前就要做好充足的准备：(1)进山前熟悉登山的基本知识，了解你要登的山的地质、地貌和当地的气候条件；(2)准备好登山服装、登山用具——野外帐篷、照明、通讯设备等一系列的装备；(3)进山前有充足的休息和足够的体力储备，疲劳会加重高山反应对身体的影响；(4)途中注意合理的饮食和作息习惯；(5)尽量不要吃刺激性气味的食品，如辣椒什么的，否则会引起呕吐。可以喝葡萄糖水，吃水果糖、水果等；

(6)行走的时候,不要追求速度,背负的重量要比自己能承受的强度小一些,节奏慢一些;(7)保暖工作一定要做好,因为高山反应,人的耐寒能力会比平时差了很多;(8)食品搭配以保证营养为主,高能量、体积小……

恋爱也需要很多的准备:(1)你是否有足够的自我了解;(2)你是否珍视你的优点;(3)为了她,你愿意怎样地付出;(4)你是否愿意在恋爱中和她一起成长;(5)如果你表白了,她不接受,你是否同样认为她也没有准备好,而不是轻易地否定你自己;(6)即使你们不能成为恋人,也可以成为朋友;(7)即使你们不能成为朋友,也只是没有缘分,不妨碍你们都是很好的人,都会找到适合你们的恋人和朋友;(8)即使她接受了你的表白,以后也可能分手的,因为恋爱是一个过程,以后还有很多的学习任务……

对照上述,枯爱无期同学,你确实还没有到表白的时候,因为你没有自信去爱和被爱,否则即使她答应了,也不会长久的。如果你做好了准备,找到爱不是难事。等你内心的爱成为一汪清水,成为一条小溪、一口水井,那时你的爱就是滋润的爱了。爱不会无期的,只要你有学习之心。既然你没有准备好,就定下心来,踏踏实实好好学习—学习知识,学习情绪智慧,学习如何爱自己爱他人。

沈之菲

既然是淡淡的朋友，
就不用放下了。
你们是互相知道的，
互相体谅的，
互相祝福的。

◎ 淡淡的朋友

沈老师：

您好！我是一名高二的学生。我喜欢一个女孩已经快四年了，一直被她拒绝。我虽然没有放弃，但也很清楚自己跟她的差距。她是强化班的尖子生，而我却是普通班的倒数几名，我也努力地去学过，但我的心里却总想着她。我知道我可能慢慢地因为成绩的差距而再也看不到她，毕竟明年就要高考了。沈老师你帮帮我吧，让我的心收回来吧。谢谢您了！

王泽

王泽同学：

你好！喜欢一个女孩子，一直被拒绝，四年了还是没有放弃，看来你是真的很喜欢。这样的喜欢肯定不是轰轰烈烈、激情澎湃，非要马上有个结果才行，否则不会维持四年。那个女孩也肯定不讨厌你，否则伤害的语言会让你坚持不了四年的。沈老师猜想，你们是朋友，但是不是恋人。你喜欢的女孩是个好女孩，你也是一个好男孩，只是你们之间没有化学反应，仅此而已。

你说你恐怕以后会见不到她，沈老师想不会的。因为本来就是朋友，再见亦是朋友。况且本来是朋友，再见时依然是朋友的机会最大。如果本来是恋人，分手后多数再见难以再做朋友，有的还成为仇人。如果真的喜欢她，做朋友以后见到的机会更多。

既然你们是朋友，只能是朋友的话，见得到见不得都没有太大关系的。因为朋友也许本质就是淡淡的，而正是淡淡的朋友，才是最长久的。正如云南山歌所唱：“淡淡烟雨淡淡愁/淡淡明月上西楼/淡淡流水溪中过/淡淡鱼儿水中游/淡淡蝴蝶落绣球/淡淡胭脂淡淡酒/淡淡酒解淡淡愁/淡淡朋友最长久。”不能做恋人，成为淡淡的长久的朋友，也是很不错的。

王泽同学，你说你心中放不下你喜欢的女孩，既然是淡淡的朋友，就不用放下了。想想你们是互相知道的、互相体谅的、互相祝福的，就可以了。这样的思念是不会影响到你的学习的，也许还会成为学习的动力。如果说你是放不下成为恋人的念头，想想四年的过程，也许会让你看出恋人和朋友的不同，也许为自己叹息一声，再想想朋友的好处，也就放下了。虽然无缘成为恋人有点心痛，接受了这样的痛才会真正放下。

从前一个苦者找到一个和尚倾诉他的心事。他说：“我放不下一些事，放不下一些人。”和尚说：“没有什么东西是放不下的。”他说：“这些事和人我就偏偏放不下。”和尚让他拿着一个茶杯，然后就往里面倒热水，一直倒到水溢出来。苦者被烫到，马上松开了手。和尚说：“这个世界上没有什么事是放不下的，痛了，你自然就会放下。”

王泽同学，无论你是多么地喜欢这个女孩，让她的优秀永驻你心间；无论你们距离是远是近，让美好的记忆保存到永远；无论你们以后的联系是多是少，让祝福不要改变，淡淡的朋友很好。

沈之菲

◎ 格式化没有用

沈老师：

您好！我喜欢一个女孩，她很漂亮，曾和我是同班同学，我们的关系很好，也都喜欢对方。可就因为我在上学她不上学，就和我分手。我很不理解，为此我很难过，在离高考只有200多天的日子里我想好好学习，可忘不了这件事。请问我该怎么办？

爱情格式化

爱情格式化同学：

你好！沈老师很理解你的心情，正如你的名字所展现的，有时我们希望将电脑中的硬盘或u盘中所有的内容去除，我们就将硬盘或U盘格式化一下。格式化是将所有东西最彻底清除的方式，希望不留下一丁点的痕迹。爱情格式化同学，你现在难受伤心，想彻底忘却，想好好学习，想把以前和那个女同学表达和未表达的一切格式化掉。当你真真切切想这么做的时候，却是发现剪不断、理还乱。日思夜想，坐卧不宁，越想忘记却是越忘不了，宝贵的学习时间就在这样的犹豫、彷徨、挣扎中一点点逝去。

好了，爱情格式化同学，你也尝试过了，知道格式化的方法对你没有用，是到了尝试用沈老师告诉你的方法好好处理的时候了。这个方法很多人用过，不如格式化这么短促、痛快，却是长长久久得有用，伤害最少，从中可以学到很多。这

放下与格式化无关，
只有接纳，
没有删除。

个方法十二个字四部步骤：第一个就是面对它，第二个接受它，第三个处理它，第四个放下它。

面对它：怕死的人，死得更难受。能有勇气面对危难，就可临危不乱，转危为安。所以放弃一切想彻底忘却她的努力，每天拿点时间出来想她的美好，你们在一起的快乐。

接受它：接受她与你分手的事实。不需要怨天尤人，不要说为什么偏偏落到你身上，因为没有理由说为什么偏偏不落到你身上。你甚至要感恩这个机会，让你学习处理情感问题，让你的心灵得到成长。

处理它：你可以更冷静地分析个中的原因。看一看问题究竟出在哪里，主要是谁的问题，能不能有挽留的希望，如果挽留什么时候挽留更合适，要做什么，可以让其他人帮忙吗；如果不能挽留，那也好好珍惜以往的美好，不要用现在的分手否定曾经的温馨。

放下它：走过前三步，你这时会感到你尽心了，你可以放下了。放下不是永远地不想，而是美好感情的转化和升华。这时候的你多数不是："当我想你的时候，我的心在颤抖/当我想你的时候，泪水也悄悄地滑落/当我想你的时候，才知道寂寞是什么/当我想你的时候，谁听我诉说"，而更可能的是："我用自己的方式悄悄地爱你/哪怕你我感情的归依，一个向东一个向西/哪怕你我感觉的距离，一个在天一个在地/哪怕你我投射的眼睛，一个有心一个无意/哪怕你我最后的背景，一个安静一个哭泣/我用自己的方式悄悄地爱你。"

放下与格式化无关，只有接纳，没有删除。

沈之菲

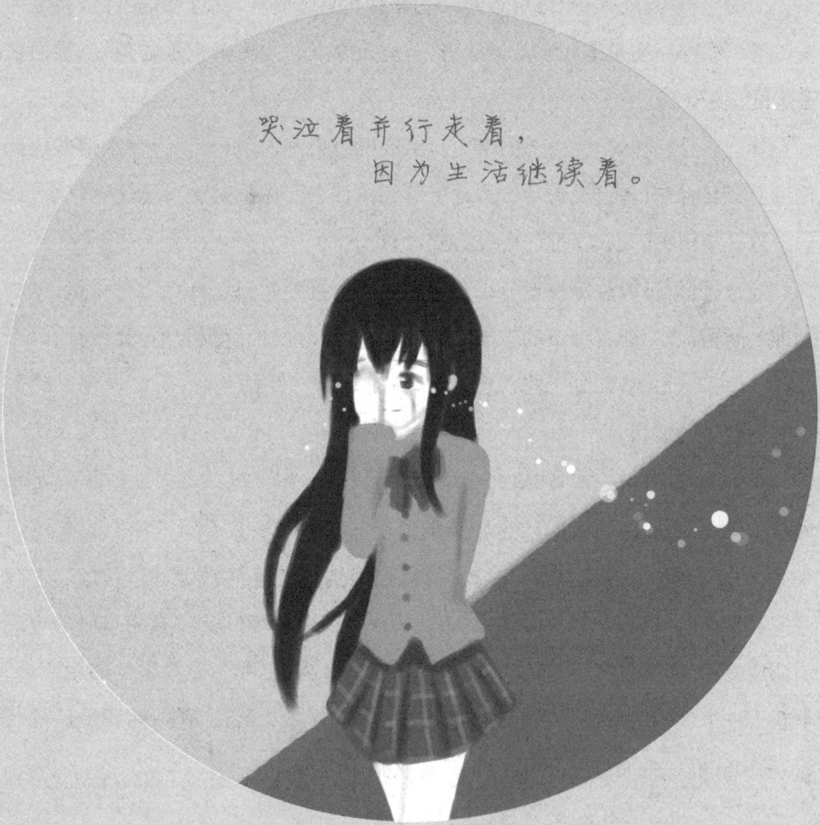
哭泣着并行走着，
因为生活继续着。

◎ 在行走中哭泣

沈老师：

您好！我是一名即将升入高三的学生，我有一个困惑希望得到您的帮助。

我爱上了邻班的一个男孩，至今已经认识三年了。刚开始，我们是玩得很好的异性朋友，不知不觉中，我喜欢上他了。无论何时何地眼前都是他的影子，万般无奈下，我向他表白了，但是被无情地拒绝了。从此之后凡是他走过的地方我都绕着走，慢慢的我的话也少了，变得寡言少语，上课也失去了注意力。

我是家里的长女，家人对我寄予了厚望。但是我无法静下心来学习，有时候我都特别恨自己不争气，我真的不知道该不该把他忘掉。您能指点我一下吗？

张宁

张宁同学：

你好！失恋的伤痛和苦涩大家都是知道的。对于他来说，因为他可能从来也没有这样的心思，也不会有你这样的感觉；而对于你来说，内心的萌动、心中的憧憬，带给你的痛的确是真真切切、实实在在的。你是否一个人的时候想哭，如果想，我有两劝：

一劝是别哭，因为朋友依然是你的朋友。他走过的地方你不用绕着走，该说出来的话就说出来；不用把他忘记，还是做回朋友，或者是做失去联系的朋友。其实他没有变，是你的内心变了，行为变了。如果你还是认同原来的他，他还是你的朋友，但不是恋人，更不是敌人。他还会对你说：“朋友，别哭。”“有没有一种爱/能让你不受伤/这些年堆积多少对你的知心话/什么酒醒不了/什么痛忘不掉/向前走/就不可能回头望/朋友别哭/我依然是你心灵的归宿/要相信自己的路/红尘中有太多茫然痴心的追逐/你的苦/我也有感触/我一直在你心灵最深处/我陪你就不孤独/人海中/难得有几个真正的朋友/这份情/请你不要不在乎。”

二劝就是真的想哭就痛痛快快哭几场吧，但是哭完了，还是要继续向前走的。小时候刚开始学走路，跌倒之后，我们不是在原地哭泣而是继续行走，这样才会有我们今天的行走自如。如果摔跤了，我们从此不走路了，那么到今天我们还是不会走路。生活中会有很多的不如意，生、老、病、死、怨、爱别离、求不得……所有的这些，都会让我们泪流满面，扼腕叹息、愁肠百结，甚至会撕心裂肺。但是只有继续移动，学会在移动中哭泣，我们才会有机会明白，有更多的人等着我们去珍惜，有更多的事等着我们去做；只有继续移动，学会在移动中哭泣，才会不断地超越心灵的羁绊，发现明天的太阳依然升起；只有继续移动，学会在移动中哭泣，才会在我们回首时，可以微笑着对自己说：原来我的每一种人生经历都是财富。

张宁同学，该上课还是上课，该学习还是学习。不管遭遇了多大的事情，我们要边哭边继续走，因为生活还要继续。我们不能坐在那里哭泣不止，我们得学会在行走中哭泣。

沈之菲

◎ 就认了吧

沈老师：

您好！我是一个比较喜欢讲话的女生，异性缘也不错。在最近一段时间，我和几个男生都蛮聊得来的。可能是我太臭美，以为别人喜欢我。有一天我问了其中一个男生，那男生说我们还要高考，还要考大学。还有另一个男生有一天突然不和我说话了，可后来他又主动和我说了，他是故意克制自己不要和我说话的，可后来他还是忍不住。我觉得可能是他们喜欢我，为了克制自己，才这样的，对吗？我最近也因为这些事，上课经常发呆，成绩直线下滑，我不想这样，我该怎么办？有人说我是自作多情，是吗？

青绿色心情

青绿色心情同学：

你好！沈老师看到你的笔名，安心了许多，也产生了喜爱之意。青绿色虽然稚嫩，却也是健康、阳光的，有着成长的潜力。哪棵大树不是从青绿色的小苗、从青绿色的小树开始长大的呢！

沈老师理解你内心的挣扎和痛苦，你是不愿意承认你在单相思，可能有点自作多情了。你就认了吧。因为对一个异性同学相思或者多情表明你是一个很正常的高中女孩，一点也不奇怪或过分，这正是一个学习爱、懂得爱的过程呀。

心理学家做过一个实验，让两对陌生男女分别走过不同的桥，在过桥过程中,男孩都主动和女孩说话。有一对男女走过的是一座很宽敞很平坦的桥,另一对男女走过的是一座很窄而且有一段危险的桥。过桥后,问这两个女孩是否喜欢同时过桥的男孩子。结果发现,在别的条件都一样时,后一个女孩,就是那个走过窄桥的女孩往往对一同过桥的男伴更有好感。心理学家了解到后一个女孩心中的推理是:"我和他一起时心跳了,可见我喜欢他。"这种推理是在无意识中进行的,实际上这个推理犯了一个小错误,后一个女孩心跳是因为桥窄,她有点害怕。心理学家认为是害怕被后一个女孩误认为是喜爱。

青绿色心情同学,你目前也处在一个范围蛮小的学校环境中,单调的学习生活,接触到的男孩也是很单纯的,产生一些纯纯的情感和相思是很自然和美好的。单相思或者是自作多情都不是问题,问题是你还没有从内心真正承认你是单相思,你是自作多情,你不甘心,你还抱有希望。你千方百计地想证明这不是真的,但确实是真的,接纳这样的现实吧。只有你内心真正接纳了这个思恋只是单方面的相思,你以后的路才会走得更好。因为心理学的规律是:坦然承认一次的失败,会避免下一次失败,而不承认失败的人,会用很多的失败来掩盖或补偿这个失败。所以,青绿色心情同学,勇敢地接纳现实。你自作多情既不表示你不可爱,也不表示你不值得爱,只是你们两个人不是有相爱缘分的人,仅此而已。

沈之菲

◎ 这是对成绩的最大影响

沈老师：

您好！我已经是一个高二的学生了，但是我时常不能控制自己的情绪。上课的时候我总是想到一边去了，老是不能专心听老师的课。我也有很多烦恼，在我睡觉的时候，我总不能早睡，心里总想着那一个女孩。我知道我现在的任务是学习，但我不能忘记她。我该怎么办呢？我的成绩从17名下降到了73名。沈老师，您可不可以帮助我？我很迷茫。

陈北松

陈北松同学：

你好！你说你时常不能控制自己的情绪，从来信中看更确切地说你是控制不了自己的注意力。经常走神，上课的时候、睡觉的时候，更重要的是想一位女孩。因为这样的走神，你的成绩也在下降，为此你感到苦恼，是不是这样？

你觉得总想一个女孩有问题，其实想一个女孩没问题，想想又不敢想、不让想，拼命想控制自己不去想，甚至连想的念头都看作是不应该的、是罪恶的，这才会造成问题。事实上，一个男生想一个女性是正常不过的事，很多男生都有这样的经历。

陈北松同学，你现在要做的是停止一切争取马上睡着的努力，将入睡这段时间拿出来，好好地想你喜欢的女孩，你尽可以想女孩她的音容笑貌、她的温柔可爱或是幽默大度，她的举止、她的一切……你把这段时间作为你一天中最放松的时间、最温馨的时间、最美好的时间、最珍视的时间，使之成为你心情愉快的时间。一样想了，好好拿出这段时间想想透，好好享受这段时间。千万不要欲想又止，想想又不敢想，否则这样你就进入了自责和烦恼的恶性循环之中。

每个人在一生中的某个时段都会有与失眠为伴的经历，这是大家都会碰到的，不必太在意的，更何况你只是入睡有点困难。当人的情绪恢复平静后，睡眠自然就转为正常了。对学生来说，少一点睡眠不是必然会精神不振的。只要心情放松，即使睡眠少些也无妨，心情愉快是最重要的。

所以，陈北松同学，你的学习成绩多数不是因为你想这个女孩而下降，而是你的自责、不愉快的情绪让你分心、烦扰，这是对成绩的最大影响。你所要控制的不是去想那一位女孩，而是拿出一点时间想有关这个女孩的愉快事情，让你的情绪变得更轻松。这样你的睡眠、你的梦境也会是美好的。因为你大大方方地拿出时间来想这个女孩，也许你上课的时候就不用走神了，你的学习会变得很愉快，更有动力。

沈之菲

生活

◎ 学生的常态

沈老师：

您好！我是一名高二的学生，每天都会感觉到学习压力很大，不知道该怎么学。尤其是理科的知识，虽然我做了很多题，但每次考试总会感到有些困难，还有很多做过的题依然做不出来。下个星期我们又要考试了，我很担心，很害怕考不好。沈老师，我该怎么办呢？

李明明

李明明同学：

你好！沈老师曾经也是一个学生，你碰到的这些沈老师都碰到过。作为心理咨询师，沈老师接触过无数的学生，有小学生，有中学生，有大学生，还有硕士博士生，他们都提出过和你类似的问题，这说明你遇到的问题是一个"学生的常态"问题。

什么是常态？上海 2010 年高中十校联考作文就以此命题。题目是"孩提时，我摔倒了，嚷着要大人抱起。我妈妈说，有人帮你是你的福运，自己起来才是生活的常态……失恋时，我流泪了，关上心门不再相信爱情。妈妈说，有人相伴是你的福运，寻寻觅觅才是生活的常态……年老时，疾病宣判了我的生命期限，我对孩子说，曾经拥有是我的福运，终要告别才是生活的常态……"需要作的文章是："在你眼中，哪些属于生活的常态？"

有学生写道：节日总离不开烟花的绚丽，它的耀眼、夺目让每个人都为之驻足。然而照明我们归家之路的往往是那一盏盏平淡无奇的路灯，每天、每月、每年……真正懂得“生活常态”的人才能活得通透明白，不论是怎样的打击、挫败都浇不灭他心中“温吞”的那团火，因为他心中的“柔软”不是“软弱”，而是任凭风吹雨打都捣不烂、碾不碎的“韧劲”。

也有学生写道：每个人的生活都好比是一杯香茶。当茶叶散发出脉脉清香时，那是你的好运，然而不断地被水冲泡、荡涤、洗礼才是生活的常态。就如同生活中注定要经受栉风沐雨才能抵达成功的彼岸，获得灵魂的自由，经受苦难是生活的常态。浮生若茶，命运多舛，重要的是能直面痛苦、化解痛苦并转化为溢出生命清香的能力。如此这般，生命在从容中获得安心，在惶惑时面无惧色，在生命苦难时获得一份内心的镇定与勇敢。

这些给我们认识“学生的常态”会有很多的启发。对于一个学生来说，感到学习压力小，要么是不想学习的学生，要么是少数极个别的幸运儿，“感到学习压力很大”是学生的常态；对于理科知识，感到考试一点也没有困难是很少几个学生，虽然做了无数的题，但是“每次考试总会感到有些困难”，是大部分学生的常态。你可以问问那几个少数同学，他们也是感到有些困难的，只是最后结果是题全做对了而已。“下星期要考试了，很担心，很害怕考不好”是爱读书、想学习好的学生的常态，没有一点考试焦虑可能不是学生的常态。所以，李明明同学，安下心，你面临的是学生的常态，那么就按照“韧劲”、“接受”、“努力”、“改正”等等一个学生的常态去做就是。

沈之菲

◎ 回忆的情感

沈老师：

您好！有个问题一直困扰着我，请求您的帮助。

回忆过去发生的美好的事情是一件很美好的事情，但是我总会因为没有用笔记录下它们感到特别的遗憾。可是，每当我拿起笔的时候，总是不知道该如何书写，即使写出来了，也是干巴巴没有文采，完全不能表达我的情感。我很痛恨自己这么差的写作能力。再一想我是马上上高三的文科班学生，就更感觉压力很大。我很想用文字记录下生活的轨迹，可不知道该怎么做。

书玉

书玉同学：

你好！高三学生的生活我们大家都是知道的，背诵加上背诵、做题还是做题、测验连着测验、排分跟着排分，真的是很单调、很紧张、很大压力的。这个时候的你，回忆过去发生的美好的事情真的是很自然的，是格外惬意的，也是一个不错的缓解压力的方法。

说到回忆，我想起了袁惟仁的歌曲《回忆》——“回忆像一支笔/没有颜色却有清楚的字体/随着时间它越来越灰/收藏在一本没有结局的日记；回忆像一首歌曲/忘了歌词却又哼唱得出旋律/洗不掉它也录不进去/自由的进出我尔后的生命；回忆的邻居是伤心/回忆的朋友是提醒/回忆的速度是暂停/回忆的方向是星星/回忆的味道是怀疑/回忆的音量是安心/回忆的灯光是天晴/回忆的眼泪是下雨/回忆的背包是如今/回忆的代价是老去/回忆的棉被是你/回忆的保险箱在那里;在那里/是下雨。"

这首歌好打动人,歌曲里面回忆了什么是一点也没有提及,但我们还是被打动了。这是因为我们被回忆的情感而打动,回忆的味道让我们回味。像大多数的情感一样,美好的情感多数的时候是只可意会,不可言传。特别是经历过这样美好事情的人,对留下的文字更是会有一份格外的挑剔。我想,情感本身的难以表达和当事人对表达的严格要求,会使得你觉得"每当我拿起笔的时候,总是不知道该如何书写,即使写出来了,也是干巴巴没有文采,完全不能表达我的情感",这是一件很自然的事,书玉同学你说对吗?

书玉同学,在忙碌的高三学习之余,你能够想到"回忆过去发生的美好的事情是一件很美好的事情",这本身是一种美好的情感。至于现在记得下来与否、生动与否,都不要紧,用不着这么急的。汤越煲越香、肉越炖越甜、粥越熬越美味,也许现在写还不到时候,到真要写的时候你写出来的东西会更好。而你现在的生活是最重要的,因为现在的生活,以后也会成为你回忆的一个部分。古希腊人库里希坡斯说过:过去与未来并不是"存在"的东西,而是"存在过"和"可能存在"的东西。唯一"存在"的是现在。书玉同学,好好珍惜自己的这份情感,更愉快地投入到现在的学生生活中去。

沈之菲

不要让成绩变成了你的“盔甲”，
噙着泪水，寻回快乐的自己。

◎不要让成绩变成了你的“盔甲”

沈老师：

您好！给你聊聊我的情况吧。我是高一的学生，虽然有很多朋友，但是我并不觉得开心。因为我的成绩实在让我开心不起来。刚上高中的时候，虽然成绩不好，但是通过努力，期中考试还是很不错的。但是高处不胜寒，当我跻身班级前几名之列时，才发现，原来高中的竞争是如此激烈，没有了友情，没有了欢笑。这让我很压抑，成绩慢慢下来了，脾气也变得不好了。现在我的眼中好像没有什么是对的。总之心情很糟糕，怎么办呢？

亚敏

亚敏同学：

你好！很高兴收到你的来信，因为你的来信反映了很多很多成人都会面临的问题，很多学生也碰到了这样的问题，这个问题就是“盔甲骑士”所面对的问题。

《盔甲骑士》是一本令全世界亿万读者潸然泪下的书。书中的主角是一位心地善良、英勇善战的骑士，他屡立战功，受到国王和百姓的赞赏，获得了一副金光闪闪的盔甲。……在家里，他也穿着轧轧作响的盔甲自我陶醉，吃饭睡觉都不愿意脱下，甚至连他美丽的妻子和可爱的儿子都记不清他的面容了。最后连他自己也忘记了自己的真面孔。终于有一天妻子对他说：“你爱盔甲远甚于爱我。”她和儿子准备离开他了。这时，骑士才感到惊慌，他想脱下盔甲，可是盔甲已经生锈，再也脱不下来了！骑士去请求全国最有名的大力士铁匠帮忙，结果却无功而返。骑士终于意识到问题的严重性，于是他作出了一个重大的决定：到远方寻找能解开盔甲的人。……从此，骑士开始了摆脱盔甲、寻找自我的征程。骑士遍尝千辛万苦，在历经沉默之堡、知识之堡、智勇之堡和真理之巅之后，终于放下自己的人格面具，发自他内心深处的泪水最终融化了已经锈住的盔甲。“骑士的盔甲”已成为禁锢人们自由身心的一切面具的代名词。

亚敏同学，我知道你也像骑士一样是一个善良好学的孩子，不要让成绩变成了你的“盔甲”，不要把成绩看得比快乐、友谊、亲情更重要。成绩和快乐、友谊、竞争、亲情、嫉妒、失望、苦闷等等都是可以同时存在的，都是你的一部分。你需要认真思考一下自己学习的动力，更勇敢地去追求知识，体验更多的人生智慧，获得内心的力量。这时的你会更平和地对待竞争和友情。有空的话也读一读“盔甲骑士”，和骑士一起，噙着泪水，寻回快乐的自己。

沈之菲

◎ 提升你的 EQ

尊敬的沈老师：

您好！我是一名高二的学生，理科，个性上很自信，有点骄傲，性格上有些孤僻，也很容易浮躁。自从上高中以来，内心总是充满莫名的焦虑，难以静心，无法沉下心来安静地学习，一面对课本，思想很快就神游万里。虽然高中已经上了三分之二，但仍然找不到一个克制自己的方法。没有持之以恒的定力，学习上也就起起伏伏，没有个稳定的时候，我尝试过很多方法克制自己，让自己更稳重，但总是无功而返。只有求助您，期待您的鼓励。

江南

江南同学：

你好！很高兴看到你的来信，更高兴你有这样的思考。一个高二的理科生，个性自信，真的很不错。说明你的 IQ(智商)肯定是不错的。你的来信说明你这个高中生已经意识到光有 IQ 是不行的，还要提升自己的 EQ(情商)。有这样的意识，有这样的动力，你只要做一下合适的努力，你一定能提升你自己的 EQ 的。

EQ 主要指下面五个方面的能力：(1)认识自身情绪的能力。认识自身情绪是 EQ 的基础，对了解自己、掌握自己非常重要；(2)妥善管理自己情绪的能力。包括如何自我安慰、摆脱焦虑或不安等；(3)自我激励的能力。包括对目标的专注、自制力、克制冲动与迟延满足、保持高度热忱等；(4)认知他人的情绪能力。

认知他人的情绪，读出、读懂他人内心的情感，能理解他人，将心比心，从对方的角度来思考问题；(5)人际关系的管理能力。亦即管理他人情绪的艺术，在此蕴涵了倾听、沟通、说服等技术。

你的来信表明你意识到自己情绪的变化，能解读自己的情绪，能体认到情绪对自己的影响，并且了解自己的优点以及不足之处，知道自己的价值和能力，能诚实面对自己的不足，个性自信、有提升自己能力的强烈动机，这些都是很好的EQ表现，请继续保持下去。

至于你来信所说自己浮躁、焦虑的情绪，学习走神、做白日梦等等，这些在学生中是常出现的现象。你说你尝试过很多方法克制自己，看来效果并不好，那么何不换一种方法呢？克里希那穆提曾经这样追问过：“控制者和被控制者是什么关系？我脸红，我控制脸红，那么，脸红和你是什么关系？”也许和“脸红”一样，孤僻、浮躁、焦虑……这些都是你自身的一部分，它们与快乐、清醒、自信、骄傲等等心理品质一样，都是你自身情绪或性格的组成部分。坏的情绪或性格不是异己，不需要你去消灭它们，你越是要控制，它们越会更顽强地表现出来。何不接受它们，让它们有一定的表现时间，再将注意力转移到好的情绪和性格表现上。你越少苛求、越少想要控制，愉快的、轻松的、和善的情绪和性格会越多地表现出来，那么你的情绪会更加平静、性格会更加沉稳。江南同学，接纳自己、顺其自然，试试看！

沈之菲

◎ 更重要的事

沈老师：

您好，我是一名高一的学生，我正处在一个迷茫的状态，找不到出口。

这些天在数学课上，老师在黑板上不停地写着，而我只想低着头，不想看黑板，而老师讲的知识如果不听的话就不会做题，但是我仍然不愿去听，因为我完全听不懂，跟不上老师的思路。我慢慢地一点点开始讨厌数学，数学课上唯一的想法就是赶快下课。一张张不及格的卷子慢慢吞噬着我的自信心，但是我却无能为力。

我曾怀疑自己，也曾扪心自问，是不是自己很笨，学不好数学呢？曾想过放弃，但是，一想到父母的眼神，就觉得这种想法很卑鄙。我如何才能喜欢上数学呢？

肖雪琴

雪琴同学：

你好！看到学不好数学的你，我想到了一个动物学校。

很久以前，为了适应日益变化的需要，动物们决定创办一所学校，传授一个由跑、跳、爬、游泳和飞行等科目组成的活动课程。为了便于管理，动物们需要学习所有的科目。第一批学员是鸭子、兔子、松鼠、鹰以及泥鳅。

鸭子在游泳这门课上表现相当突出，甚至比他的老师还要好。可是，对于飞

发挥你喜欢的特长是
更重要的事。

行这科目，他只能勉强及格，对跑这科目，他感到非常吃力。由于跑得慢，每天放学后，他不得不留在学校里，放弃心爱的游泳项目，腾出时间练习跑步。他不停地练呀练，脚掌都磨破了，到期末考试时，终于获得了勉强及格的成绩。而他的游泳科目，由于长时间得不到练习，期末时也只取得了中等成绩。学校对中等成绩还是能够接受的，所以除鸭子自己以外，没有其他动物在乎这一点。

兔子在刚开学时是班里跑得最快的，由于在游泳科目上有太多的作业要做，他不得不整天泡在水里，结果，都快泡得精神崩溃了。松鼠的成绩一向是班里最出色的，但对飞行科目感到非常沮丧，老师只许他从地面上起飞，不允许从树顶上起飞。由于他喜欢跳跃，花了很多时间，致力于发明一种跳跃的游戏，结果，期末考试时，爬行科目只得了一个及格，跑得了一个不及格。鹰由于活泼爱动，一开始就受到老师们的严格管制。在爬行课上的一次测验中，他战胜了所有的同学，第一个到达顶端。不过，他用的不是老师所教的那种方式，因此他没有得到老师的表扬。

雪琴同学，看了这个故事，你是怎么想的？你可以先把自己的数学书从高一开始补起，把自己曾经做错过的题目再好好看看，把难点或请教老师或请教同学补上它，看看自己数学进步了吗？有点喜欢上数学了吗？如果真的不喜欢，也不要紧，记住，发挥你喜欢的特长是更重要的事！

沈之菲

◎ 出过水痘了

沈老师：

您好！我是一名高二的学生，真不好意思麻烦您，但我内心郁结了仿佛几个世纪的痛，让我不吐不快。我是个很看重成绩的人，初中学习一直都不错，然而，在群英荟萃的重点高中里，我的成绩一直不理想。我清楚地记得考试后的那种悲伤与失望的感觉，我不想比别人差。于是受伤之后重整旗鼓，告诉自己要愈挫愈勇，但几经沉浮之后，我感觉累极了。如今的我又陷入了低谷，也许是失败之痛已经让我麻木，可能是我真的灰心了，抑或是太累了，总之，现在的我怎么也提不起来精神，失去了魄力与决心，徒增了许多烦恼。我真的希望能有一个人给我指点迷津，帮我重拾信心，重新点燃内心的激情。沈老师，请帮帮我，好吗？

杨元元

元元同学：

你好！我是很能理解一个很努力的学生因为成绩达不到他努力的结果而感到的内心的痛。这样的痛让你很郁闷、很烦恼、很难受，你压抑、你灰心、你无奈，你现在感到很无力。

但是元元同学，只是成绩不那么好了，就这么痛了。为什么？每个班级里都有成绩好和不好的学生，比你成绩不好的学生有的是吧，还有那些考不上高中的学生，成绩更不如你了，他们没有像你这样痛吧。为什么呢？是不是他们初中学习的成绩没有你那么好，他们还为考上你们学校这所重点高中而暗自庆幸。他们已经习惯了自己的成绩在班级中的位置，他们在初中的时候已经有了免疫力。就像出过水痘的体内有了抗体，他们对成绩不好不像你那么难受，不像你那么在乎。他们先接受自己的不完美，然后更快乐地生活。

而元元同学，你在初中是一个成绩不错的好学生，没有任何意外就考上了重点高中。你把你自己就定位在好学生，应该取得好成绩，努力后就应该成绩上去。你没有想到在高中会遇到不同的竞争对手，在和你一样聪明的学生，和你一样努力的学生在竞争。也许你的成绩已经不能定位于初中那么好了，成绩起起伏伏、不那么突出也许就是你高中学习的现实。元元同学，请忘记初中时候你曾经的好成绩，从现在的位置再出发，接受你现在的状态。从现在出发，你的努力肯定会让你进步的，肯定会比现在的你有进步的。

写到这，我想起了《阿甘正传》里的主角阿甘。阿甘诚实、守信、认真、勇敢而且重视感情。他只是豁达、坦荡地面对生活，他把自己仅有的智慧、信念、勇气集中在一点，什么都不顾，只知道凭着直觉在路上不停地跑。他跑过了儿时同学的歧视，跑过了大学的足球场，跑过了炮火纷飞的越战泥潭，跑过了乒乓外交的战场，跑遍了全美国，并且最终跑到了他的终点。对于阿甘而言，人生就像是一次没有特别原因的跑步，没有既定的终点，只是不停地往前跑。正如阿甘在影片中所言："要往前走就要忘记过去，我想这就是跑步的用意。"

沈之菲

学会寻找生活中
点点滴滴的快乐。

◎ 点点滴滴的快乐

沈老师：

您好！我是一名高一的学生。自从上了高中，我就十分苦恼。高中生活太紧张了，一下子让我感觉很不适应，感觉十分累。每门功课都很难，而且一门比一门难，让我头疼死了。我很后悔为什么会选择上高中，而且是用了四年的时间考上高中。复读让我跨进了高中的大门，但是却提不起学习的劲头来，对高中的生活除了厌倦，还是厌倦。当初，我为自己能考上这样的学校兴奋得一夜未眠，但是现在我却焦虑得同样夜夜不能眠，我该怎么办呢？

邢双双

双双同学：

你好！高中的生活真的是很单调、很单调的。上课、练习、考试、题海茫茫，大多数高中生就是如此度过的。但是双双同学，对这样的高中生活，你显然没有做好准备，所以你的适应期比别人要慢一点。你静心想一想，什么让你为了考高中比别人多读一年？什么使你为能考上现在的学校兴奋得一夜未眠？现在的学校变了吗？没有吧。是不是你想达到你理想的成绩而现在达不到，你心里非常着急，内心不能接受这样的状态，每天沉浸在自怨自艾的状态之中了？也许塞尔玛的故事可以给你一点启发。

塞尔玛陪伴丈夫驻扎在一个沙漠的陆军基地里。她丈夫奉命到沙漠里去演习，她一个人留在陆军的小铁皮房子里。天气热得受不了，即使在仙人掌的阴影下也有华氏125度。她没有人可谈天，只有墨西哥人和印第安人，而他们不会说英语。她非常难过，于是就写信给父母，说要丢开一切回家去。她父亲的回信只有两行，这两行信却永远留在她心中，完全改变了她的生活：两个人从牢中的铁窗望出去，一个看到泥土，一个却看到了星星。

塞尔玛一再读这封信，她决定要在沙漠中找到星星。塞尔玛开始和当地人交朋友，他们的反应使她非常惊奇。塞尔玛又研究那些引人入迷的仙人掌和各种沙漠植物、物态，又学习有关土拨鼠的知识。她观看沙漠日落，还寻找海螺壳。这些海螺壳是几万年前，这沙漠还是海洋时留下来的。渐渐地，原来难以忍受的环境变成了令人兴奋、留连忘返的奇景。是什么使塞尔玛有这么大的转变？沙漠没有改变，印第安人也没有改变，是塞尔玛的心态变了。她看到了星星。

双双同学，把你用于后悔、抱怨、倦怠、发呆、空想的时间拿出来，在高中生活中寻找乐趣，知识的乐趣、锻炼的乐趣、休闲的乐趣、交友的乐趣、复习的乐趣、考试的乐趣……找寻点点滴滴的快乐，建立新的朋友关系，欣赏高中老师的风采，观察同班同学的生活。试试看，有一天，你会无暇叹息的，你会睡得很踏实，你会说高中生活很单调，不过很充实，你会怀念这段生活的。一定记住：寻找乐趣是高中生活的一个重要组成部分。

沈之菲

◎"生命在你手中"

沈老师：

您好！我看到咱们杂志上有高考完的学长们发表的文章，说他们如何不分昼夜地学习，我很害怕。但看到他们又经常在校园里玩耍、打闹，就天真地以为其实生活很美好。可第一天走进高三的教室时，那种紧张的气氛，让玩了两年的我很不习惯。我偏科严重，对于数学，一点兴趣也没有，有时想想不如彻底放弃算了。我不知道怎么办，脑袋昏昏沉沉。有时我会找朋友说，但他们除了安慰没有别的办法；也找老师谈过，感觉没有太大的作用，所以想求你帮助！

怡静

怡静同学：

你好！你是一个蛮善于收集信息的人，看杂志了解学长生活，问同学如何应付不喜欢的数学。但是这样的信息收集你也发现没有多大的作用，因为这些都不是你的生活。别人的生活代替不了你的生活，别人的劝说，包括老师的也不能解决你脑袋的昏昏沉沉。确实这样，收集信息、咨询他人的方法你也尝试了，不行吧，也许只有靠自己了。

话说有位智者能够预测未来，很多人都觉得非常神奇。有个小伙子不服气，想要出一个难题，挑战这位智者。一天，小伙子灵机一动，抓来了一只小鸟，他把小鸟放在手里，准备去找这位智者。小伙子心想：我让这所谓的"智者"预测未

生活中的一切，
都在自己手中。

来。如果他说未来这只小鸟是活的，我就把小鸟给捏死；如果他说未来这只小鸟是死的，我就把小鸟给放掉。反正怎么样他都预测得不对。打定主意，小伙子就得意洋洋地出发了。

当他握着小鸟找到了这位智者，开口来问他小鸟的未来是死是活的时候，智者慈悲地微笑着，看着小伙子的手，温和地说："生命在你手中。"听到这话，小伙子很震撼，一下子觉悟到：原来这才是未来。这就是传说中的预测未来！原来"生命在你手中"就是"生命在自己手中"。

怡静同学，生命确实在自己手中。学长们的生活是各异的，有不分昼夜学习的，有玩耍打闹的，这些都是高三的生活，既不可怕，也不是有玩耍生活就美好了。生活的美好需要有一颗安静的心去体悟，去实践。自己心不静，别人是难以帮助你安静的。生活的滋味、失败中的努力、奋发的激情，安静的心，一切都掌握在你自己手里，自己的问题是要自己去解决的。

沈之菲

◎ 抛掉幻想

沈老师：

您好！我是一名高二的学生，不知怎么了我最近总感觉什么都会了，可一做题或考试就什么都不会了！我告诉自己静下心来好好学，可怎么也静不下来！而且还有点浮躁，我该怎么办啊？

一切随风

一切随风同学：

你好！从你的自述中沈老师看得出来你很清楚自己的问题在哪里：基础知识不扎实。看上去是会了，实际上不会，你心知肚明，但是仍然不想踏踏实实地学习。更进一步说，你这样的方式好像已经有点成为你的坏习惯了，但是你却改不掉。

依沈老师看来，你主要是还没有扛起改变上述坏习惯的责任。你希望“一切随风”，坏习惯会不知不觉中消失掉。但沈老师要告诉你的是这是不可能的。怎么办？抛掉一切随风的幻想，把改变坏习惯的责任担在自己的肩上。如果有这样的决心和担当，请再按照下面的步骤尝试：

1. 确定自己对坏习惯感到痛苦。“一做题或考试就什么都不会”，这样的感受你痛苦吗？再将这个痛苦的感受深刻地体悟一下。这个痛苦不是别人的，也不是别人强加在你身上的，是你自己内心感到痛苦，这时的你是否还能像“一切随风”那样轻松吗?

2. 确定自己对新的行为感到快乐。如果你将时间用在认认真真看书、分析例题上,打好自己的基础,再做做题目看。是不是你的痛苦少了一点,而快乐多了一点了呢?

3. 将快乐放大,作为你改变的支点。新的行为就会像杠杆一样力量无限。想一想:如果你基础扎实了,做题和测验也就变得容易了;如果你静下心来学习,成绩会逐步提升的;如果你稍微这样做的话,你对你自己的信心会有不同;如果你每天坚持的话,你对你自己的判断会有不同;如果你今天就改变,高中学习的结果会很不一样的……这样的快乐放大方法,是不是让你有一种马上改变的动力,而不是将改变放在未来的某一天。

4. 给自己的新行为加加油。如果你扎实学习了,彻底弄懂了以后再做题目,你会看到会做的题目多了很多,考试成绩也会有改善。这时候一定要及时奖励一下自己,一句赞美、一份鼓励、一顿美食、一份礼物都可以。有一点改善就可以作为奖励的理由,不需要很大的成绩才能奖励自己。这样你的神经系统便会把改变跟快乐连在一起的,这样的强化会让你的好行为也渐渐变成你的好习惯。

一切随风同学,放弃对现状无可奈何的想法,积极尝试上面的方法,你会看到效果的。既然你已经发现了自己的内心浮躁,不要妥协,直面它,积极处理它,你会战胜它的,加油!

沈之菲

◎ 高中生涯的回忆

沈老师：

您好！我是一名高一的学生，生活中我的心情变化多端，自己都控制不住自己，而且学习的兴致不高。我是一名美术生，很想把文化课学好，但因为我晚上要画画，不能上晚自习，所以担心高考考不好！我还暗恋一个女孩子，这更让我学不进去了。请你给我点儿关于高中生活、情感及学习的建议，让我不再烦恼，谢谢您了。

你是我的

你是我的同学：

你好！如果你的笔名是对那个暗恋的女孩说的，“你是我的”并不真实，那个女孩是她自己的。如果“你是我的”是针对整个你高中生活来说，也不真实，虽然你是兴趣爱好多多，但就是对学习没有兴趣。画画占用了文化课时间，好像也不是个理由；暗恋女孩子，也只是寻找了一个借口，所有这些，会让你的高中生活变成不是你的，而只是被你打发走的“日子的”。

如何将高中生活变成你的生活，确实是你应该考虑的问题。这里，别人的建议有很多很多，关于高中生活、情感及学习建议的文章更多。相信很多话你听过，很多文章你读过，道理你也知道，但是如果不去做，不踏踏实实地去做，高中生活是不会变成你的生活的。只有你自己抛开幻想，丢掉借口，不在犹犹豫豫中失去时间，而是在自己学习目标上一步一个脚印，踏踏实实走自己的路，高中生活才真真实实是你的生活。

你问沈老师有何建议，沈老师却是要布置你一个任务。如果高考以后让你回忆你的高中生活，你是会失落恐慌还是会感到内心踏实？是心有余悸还是如释重负？如果你想要的是后者的话，放弃高中阶段任何的幻想和传说，努力踏踏实实过好每一天。在这个过程中，最重要的是考验你实现目标过程中的韧性和耐力。

你说你想不再烦恼，也许是要好好安排好你的时间。如果烦恼是你每天时间馅饼中的一角，那么你把时间更多地用行动和勤奋去填补掉。这样空虚的时间更少，也许烦恼不知不觉找不到它的时间了，也就没有空闲叹息了。

高中生活确实是有点单调和枯燥的，需要你放平心态，想好自己要做的事情。给自己定一个目标，努力去完成。就这样过着，没有轰轰烈烈，没有活色生香，却是平平淡淡，真真切切。在这个过程中，找寻学习的乐趣，同学交往的乐趣，忙中偷闲的乐趣。更可以想着暗恋的女孩，也许这个女孩知道你心态如此的平和和努力，暗中一定在为你加油，更看重你了。所有这一切做好以后，高中毕业时，你的“高中生涯”回忆会变成充满愉快而不是不安，心态平和而不是变化多端。烦恼有一些，但是没有比其他同学更多。

“你是我的”同学，从现在开始，让高中生涯变成你，来得及的。

沈之菲

◎ 处理自己的问题

沈老师：

您好！我是一名高中生，自上高中后就开始迷上写作，喜欢写那种感伤沉重的文字。刚开始还好，慢慢地就到了疯狂的地步，明明知道自己没有那种天分，却还是无法停下。成绩一直下滑，甚至想放弃学业。我该怎么办呢？

陌城

陌城同学：

你好！你的来信让我想到两只小猫：汤姆和托比。它们都是讨厌自己影子的猫咪，因为影子一天到晚跟着它们。它们最大的想法就是“一定要摆脱影子”。然而，无论走到哪里，汤姆和托比发现，只要一出现阳光，它们就会看到令它们抓狂的自己的影子。汤姆和托比最后终于都找到了各自的解决办法。汤姆的方法是永远闭着眼睛，托比的办法则是，永远待在其他东西的阴影里。

陌城同学，你肯定会告诉沈老师，这真是两只笨小猫，影子可能会一直伴随着身边，但是用闭着眼睛和永远待在其他东西的阴影里的办法那是太笨了。是的，当局者迷，旁观者清，你有没有想过自己也在用和这两个小猫一样的方法在处理自己的问题。

你说“自上高中后就开始迷上写作，喜欢写那种感伤沉重的文字。刚开始还好，慢慢地就到了疯狂的地步，明明知道自己没有那种天分，却还是无法停下”，说明你为现在的状况很苦恼，很想改变现在的状况，但是却是无力自拔。迷写作成为逃避学习的理由，逃避以后又不停地埋怨自己，以至于想一直待在伤感小说的阴影里——如同小猫永远待在其他东西的阴影里；或是放弃学业——如同小猫永远闭着眼睛。

陌城同学，你也知道这样不行，却是无力面对。沈老师知道你现在沉迷悲情写作是因为努力认真地学习、坚持学业更难——有很多功课要补，还要克服学校系统里的很多困难，如父母的失望、教师的否定，和同学们的差距等等，这些都是蛮痛苦的。但是一味沉溺于悲情写作之中，后悔自责，想改变又怕太晚，更用写作逃避，最终形成了恶性循环，愈发难受，愈发摆脱不了。这不是会更痛苦吗？经研究，有 99%的吸毒者有过痛苦的遭遇，他们之所以吸毒，是为了让自己逃避这些痛苦。痛苦的遭遇是一个魔鬼，为了躲避这个魔鬼，干脆把自己卖给更大的魔鬼，最终的结果是更痛苦。

所以，陌城同学，为了不更痛苦，你可能别无选择，只有选择改变。改变有点难，改变过程会有反复、波折、失望、无助、灰心，但也会有希望、有鼓励、有信心、有期待、有效果……这是一个有点痛苦的过程，但也会是一个有收获的过程，一个自我觉醒的过程。人类智慧有："孽海茫茫，回头是岸；放下屠刀，立地成佛。"放下屠刀，都可以立地成佛，何况现在你所放下的要轻得多，改变的要容易得多。

沈之菲

艰难的旅程，
接纳它，
再放下它。

◎ 艰难的旅程

沈老师：

您好！我是刚上高三的一名学生，考试很频繁，心里也很烦——所学要么是不会，要么就是掌握不牢固，做题也没有信心……眼看又要考试了，可我什么也不会。同学们在努力地学习，我也试着加入他们，可是却总坚持不下去。老师，迫切希望得到您的帮助，谢谢你！

绿野仙踪

绿野仙踪同学：

你好！对于枯燥重复的高三生活，这中间考试的压力、成绩的起伏、生活的单调、内心的烦闷是每个经历过的人都是有同感的，你有这样的感觉并不孤单。但这个过程却也是战胜自我、得到成长的过程，所有经过高考的学生，正如老舍先生所言：考而不死是为神。老舍先生说："考试制度还是最好的制度。被考死的自然无须用提。假若考而不死，你放胆活下去吧，这已明明告诉你，你是十世童男转身。"

因为你叫绿野仙踪，沈老师想到了那部著名的童话故事《绿野仙踪》。故事中的主人公是一位小姑娘，名字叫多萝西。她有一只小狗，她们和她的亨利叔叔、艾姆婶婶生活在美国堪萨斯州大草原的中部。因为一次龙卷风，她和小狗被卷到一个奇怪的世界，她们去找仙人指引回家的方法。路上，多萝西遇到了"一个被人嘲笑脑子里装满稻草、非常渴望能有一个聪明头脑的稻草人”、“一个失去了他的心、也失去了对爱人的感觉、感受不到爱情幸福的铁皮人”，还有“一个无比胆小非常渴望具有百兽之王的气魄和勇敢的狮子”。

多萝西和这三个善良而不完美的伙伴开始了一次艰难的旅程。他们齐心协力，各自克服自身的障碍，不断战胜困难，最终得到了各自的成长。稻草人因为自觉没有头脑，一次次努力思考反而发挥了他的聪明才智；铁皮人因为缺乏心灵，恐怕他的感受会伤害同伴，一次次小心谨慎，彰显了他的温情、善良和忍让；胆小的狮子虽然缺乏胆量，但危险来临时，为了救助同伴也努力克服了自己胆小的心理障碍，不知不觉中恢复了百兽之王的雄风伟范。最后，多萝西和她的小狗也回到了家里。

绿野仙踪同学，考试也是一段艰难的旅程，辛苦、乏味、疲劳、体力透支都有，这是对自我意志的挑战，会有点磕磕碰碰的。有时也会想打“退堂鼓”而不想再努力了。但是何尝不是让你克服自身的弱点，得到学习和成长的过程？你的知识也是从每天的积累中多了一点点，能力也是每天提升了一点点。所以，绿野仙踪同学，请珍视你高考这个过程，好好欣赏这个过程，把烦恼和忧愁、疲劳和艰辛、感叹和誓言等等作为这个过程的一部分，接纳它，再放下它。这时你的心灵会变得特别纯净和踏实，会认真地完成这个过程，得到自我的成长。走完这个过程的时候，你会觉得一切的疲惫、劳累都是值得的。

沈之菲

◎ 一个伪命题

沈老师

您好！我是一名高二学生，我现在很苦恼。在高一时我都是在恍惚度日。现在高二了，一年后便会面临高考，我不想一事无成，所以我努力地改掉恶习，认真读书。但认真的同时，我害怕从此变得孤独。我总觉得当我选择学习时，就意味着我将和朋友疏远。每次当我在做作业或看书时，看到他们在开心地笑，心里就会很不舒服，感觉自己一个人被隔离了，我害怕那种感觉。但每一次和同学玩得近乎疯癫而忘掉学习时，我总觉得自己在虚度年华。很想改变，现在真的很矛盾，难道学习真的是孤独的吗？

子洛

子洛同学：

你好！我能理解你的苦闷和矛盾，因为处在你这个年龄阶段的青少年经常会处于这样的矛盾体验中而无力自拔，你是真正沉浸和陷入了这样的矛盾思维中了。因为这样的沉浸和陷入，让你从来没有怀疑过这样的思维是不是对的。“学习是孤独的吗？”是否是一个伪命题？

在沈老师看来，你混淆了很多的事情，你把不是鱼和熊掌的问题变成了两个只能选择一个的问题。在你看来“认真学习＝孤独”、“选择学习＝疏远朋友”、“玩得开心＝忘掉学习”，沈老师觉得这样的等号是不成立的，两者都是可以兼得的。

子洛同学，你想过没有，为什么你有这样的思维。在沈老师看来，问题的根源是你学习的时候不快乐。你的学习是在被动地完成任务，而不是主动地学，没有在学习中享受知识增进、本领习得、能力提升的快乐，没有感受到知识的美和分享经验的快乐。因为这样的不快乐，让你觉得学习是一件很痛苦的事情，而把单纯的玩才看成快乐的事，才会有把学习和其他割裂开来的想法，才会有学习是孤独的感受。

五月天有首歌叫做《生存以上生活以下》，歌中唱道：“没有梦　昨夜没有梦　镜子里的　陌生人已经不再做梦/上课钟　变成打卡钟　单行道般　的人生流失在车阵中/进行曲　规律的平庸　活的像是　一句标语压韵而服从……看日升日落　看月圆月缺　年复一年的经过　看谁把我变成现在的我/怕潮起潮落　怕患得患失　错了又错的疼痛　终于我的生命只剩生存/活着只会呼吸吃饭喝水的生活……”这样的生活如何？你会说是一种很心慌、很难受的生存状态。

是的呀，子洛同学，如果你改变一下自己的心态，更快乐地学习，如何？这样你会感到学习时内心很充实、很满足。你内心对同学是好的，是祝福的，这时你看同学的欢笑觉得自己的心也在笑。认真学习不孤独，有空和同学玩玩、聊聊天是一种放松，多多和同学分享学习中的感受、生活中的快乐、彼此不同的经验和体会，不也是件好事情吗？享受学习过程吧，把学习生活变得更快乐一些，这需要你用心去体会，用行动去奋斗，用能力去感谢。这时候，你会发现你学得不再恍惚、不再犹豫、不再害怕，你的内心是温暖的，太阳也在对着你笑。

沈之菲

◎ 生活的逻辑

沈老师：

您好！我是理科生，我非常喜欢读文学书，但老师说我读的这些书是“闲书”，甚至说我“有病”，要我“去看医生”。同学们对我读文学书也不理解，觉得我是个“另类”。我没有一个朋友。这已经严重影响了我的心情，我无心学习，我觉得他们都不理解我。如果他们能真正理解我，我想我会好好在学习上用劲的。可是现在我真的不想在那个地方待下去了，我甚至想到了辍学。沈老师，您说我该怎么办？

一个想要得到理解的男生

一个想要得到理解的男生：

你好！沈老师看了你的来信，觉得你的问题还远不是文科理科的问题，因为如果选择不对，可以换的，也可以复读的，而你是不学习，或者说是以读文学书为借口，逃避学习的任务。沈老师很遗憾地告诉你，你的观念、你的逻辑、你的做法都存在着一系列的错误，你能够来信，也许是你也知道你错了，只是有些执拗，还迈不开改变的步伐。

你说你喜欢读文学书。读文学书如果不是为了逃避学习的话，那么目的是为了什么呢？就像打坐不能成佛、磨瓦不能成镜一样，如果不能领会为什么读文学书，那么读文学书是没有用的。这不是别人理解不理解你的问题，而是你能不能理解文学书的问题。

龙应台在她的“价值判断，百年思索”的演讲里说道，文学有一个很精确的说法，意思是“使看不见的东西被看见”，鲁迅很多的作品就是让我们看见。在《药》里头，你不仅看见愚昧，你同时也看见愚昧后面人的生存状态，看见人的生存状态中不可动摇的无可奈何与悲伤。在《祝福》里头，你不仅看见贫穷粗鄙，你同时看见贫穷下面“人”作为一种原型最值得尊敬的痛苦。所以说读文学书要使你最终看见或者说是理解，理解自己、理解他人、理解人生，当然这是一个过程。但是沈老师确实看不到你多一点的看见，读了这么多文学书，你理解了什么呢？

你的情况恰恰相反。老师、同学都不理解你，因为别人不理解“想辍学”。你自己理解自己了吗？“如果他们能真正理解我，我想我会好好在学习上用劲的”，沈老师真不知道这是什么逻辑。生活的逻辑是相反的，我们先理解自己，我们才可能和别人说明，让别人理解，以自己昏昏，不会让人昭昭的。“我没有一个朋友”，如果没有任何人肯定自己这样做是对的，这样做本身最大可能是错的。

一个想要得到理解的男生，想得到理解不错，但是更重要的是自己要分析为什么别人不理解。国外有句谚语：“智慧起源于愚蠢的废墟上。”不要固守自己的错误观念和逻辑了，回到当下的学生生活是智慧的开始。只要马上转换方向，来得及的，什么时候觉悟都不晚。

沈之菲

◎ 心如钟摆

沈老师：

您好！我是一名高二的学生，选择的是理科，虽然我的文科要比理科好，但是在老师的一再劝说下，我还是选择了理科。随着学习的深入，我慢慢发现我在物理、化学上感到非常吃力，甚至有些后悔当初听从了老师的建议。看着别的同学在课堂上踊跃发言，我变得越来越自卑，我该怎么办呢？

瑞雪

瑞雪同学：

你好！一个理科不大好的学生，读理科是件蛮烦恼的事情。当初没有听从自己的内心，坚持自己的选择，而被老师说动改了主意，更是一个教训。但这个教训也要让你学得一个经验，那就是以后在选择时要遵从自己的内心，要有自己的权衡和主意，相信自己、坚持自己的想法可能会更好。

不过现在你已经是坐在理科学习的课堂上了，先看看有否改变的可能。看来大多数情况下短时间内这个选择已经无法改变了，是考虑你该怎么办的时候了。

一种选择是你整天把时间打发在懊悔上，千万遍对自己说："我是不喜欢理科的，我是不擅长理科的，我是学不好理科的，我是痛恨理科的，千不该万不该听了老师的话……"说着说着，上课分心、答题无心、内在痛心。你所有的时间都花在这样的后悔和消极抱怨上了，越说越痛苦、越说越后悔、越想心情越差，题目越来越不会做，成绩也越来越差，也就越来越自卑了。

还有一种选择就是既然选择了，短时间没有办法改变了，索性定下心来，认真地学学看。老师劝说是有理由的，安心学是学得好的，认真学是学得会的，动脑筋找规律是有效果的，不懂的可以花时间弄懂的……这样的效果会不会不同？

下面两个时钟的故事你再体会一下：一只新组装好的小钟被放在两只旧钟当中。两只旧钟“滴答滴答”一分一秒地走着。其中一只旧钟对小钟说：“来吧，你也该工作了。可是我真有点担心，一年你一定要走完三千二百万次，你吃得消吗？”“天哪！三千二百万次。”小钟吃惊不已，“要我做这么多的事，我怎能办到！”另一只旧钟说：“别听他胡说八道。不用害怕，你只要每秒滴答摆一下就行了。”“天下哪有这样简单的事情？”小钟将信将疑，“如果这样，我就试试吧。”小钟很轻松地每秒钟“滴答”摆一下，不知不觉中，一年过去了，它平安地摆完了三千二百万次！

瑞雪同学，你肯定知道你应该选择哪一种方式了。人生犹如一只时钟，心如钟摆。为过去已发生的事而懊恼、悔恨、耿耿于怀，为将来未知的事而胡思乱想、忧心忡忡，不如专注于当下的每一秒钟，踏踏实实地做好每一道题目。幸福的人生便在时钟每秒的“滴答”声中延伸。

沈之菲

◎ 不快乐的真正源头

沈老师：

您好，我是一名高一的学生，可我 18 岁了，我的同龄人在为高考而奋斗，而我却一直停留在高一。毕业后，我就 20 了。作为比他们年长的我，在学习上却是没有任何优势。花着父母的钱，让我一直感到愧疚，虽然偶尔会有一些稿费，但是微薄得可笑。病魔和懦弱让我选择了逃避学习，比别人年长的压力更让我失去了学习的动力。从前，我热爱做题，沉溺于做题的乐趣中，如今，我却没有以前那般快乐，变得功利、自私，对做题竟然感到厌倦。老师，我该怎么办？

想找回快乐的女生

想找回快乐的女生：

你好！作为一个比其他同学大 2 岁的学生，也许还有疾病的原因，是会有点沮丧的。这个沮丧使你很不快乐，觉得很乏味和缺乏乐趣，由此整天想找回以前的快乐。这个确实是需要解决的问题。你认为你不快乐是因为"疾病"、因为"比别人大两岁"、因为不爱做题了、因为学习上不那么出色，还花父母的钱……沈老师认为这些都不是你不快乐的原因，这些都不是你的问题。你的问题是你看待事物的角度错了，这才是你真正的问题，才是你不快乐的真正源头之所在。

你听说过一个老妇人的故事吗？这位老妇人每天会到寺里烧香，而且总是哭哭啼啼的。寺里的住持看久了，觉得很奇怪，便问这位老妇人："你为什么每天总是哭个不休呢?”老妇人回答道:“我哭是因为我的两个女儿,我的大女儿嫁给卖鞋的,小女儿嫁给卖伞的。天晴了,小女儿的伞卖不出去,愁不愁人? 下雨了,谁来买大女儿的鞋,愁不愁人?”住持平静地告诉她:“天晴了,大女儿的鞋店生意就火;下雨了,小女儿的雨伞就有了销路。这不是很好吗?”经过住持的这一番点拨,老太太破涕为笑:“瞧我这个死脑筋,怎么没有想到呢?”从此,老太太来回住在两个女儿家,天晴也笑,天雨也笑,由“哭婆”变成了“笑婆”。

想找回快乐的女生,在沈老师看来,你真是一个不错的学生。尽管生病了,但还是恢复了学习;比别人大两岁,复读的学生多了,也没有什么;高中生花父母的钱,基本都是如此,难得你偶尔还有稿费,钱不在多少,是对才能的肯定,能拿到稿费的学生少之又少吧。至于只热爱做题当然不够,是到了停下来稍微想一想为什么要做题,知道自己学习的目标,这样做题才会更有动力。

所以说,换一个全新的角度看问题,人的心态也会由此变得更轻松、更快乐。这个世界上那些快乐的人,不是他们没有碰到不如意的事情,是因为他们知道人生不如意十之八九,快乐来自自己怎么看待这些事。想找回快乐的女生,换一个看问题的角度,快乐很容易找回来的。赶快试试。

沈之菲

◎ 每天的生活里

沈老师

您好！我是一名高一的学生，我在暑假中遇到一个问题，希望您能指点迷津。

我经常会感到整个身心都浸泡在冰水中，就像奔波在风雪交加的路途中；会经常一个人陷入往事中，无限惆怅。我以为是那些悲惨的文学名著让我感到世界一片凄迷。我知道希望和理想会带领我前进，但我依然好累。希望您能用一双饱经世事的眼解决我的问题，在此致谢了。

李永康

永康同学：

你好！暑假里能看看名著，沉浸于对名著内容、气氛的回味和体验中，有着和看八卦、明星轶事，喜欢浅显娱乐阅读的孩子不一样的气质和体验，真是一件很好的事情。因为这样的阅读把自己弄得有点累，但是你依旧有希望和理想。只是假期里累点没有什么的。重要的是沈老师从你的累、你的惆怅、你的凄迷中，看出来你是一个感情丰富、向往美好生活与爱的人。

名著永远是名著，经过几百年岁月的磨砺，依然闪着不朽的光芒。因为伟大的文学作品往往传递了人类共有的心声，它们都以极其完美的艺术形式再现了这个不完美的世界，这些作品会让无数人心动和颤抖的。例如《红楼梦》，红楼梦中的女子是很让人悲伤、惋惜和同情的，她们一个个下场凄惨，让人心酸。很多人是边读这部小说边流泪的。但这部悲剧小说，也让人深切感受到作者对真善美的坚持，对假恶丑的唾弃，对理想社会的向往：那里没有群雄逐鹿，没有刀光剑影，没有妖怪横行，没有群魔乱舞。只有一幅幅纷繁生活的画卷、一首首脍炙人口的诗歌，一个个生逢末世的奇女子。所以说名著中的人物是活的，他们在小说中可能死去了，但是会以生命的另一种呈现方式活在读者的心里。让我们感动，让我们回味，让我们沉浸，让我们悲悯。

永康同学，沈老师没有一双饱经世事的眼，沈老师读《红楼梦》依然会唏嘘不已，看《大地震》也会哀叹不止。但是沈老师更知道，读名著，只是理解人生、参悟人性的一个途径，很多很多的事情都是通往理解人生、参悟人性的道路。所以说“一花一世界，一叶一菩提”。宇宙间的奥秘，在一朵朵寻常的花中，在一片片普通的叶子里，也在我们凡人每天的生活里。就是《红楼梦》中也说到的“世事洞明皆学问，人情练达即文章”。世事洞明说的是懂道理，人情练达讲的是识事理，这些可能从文学名著中学不到，需要我们在日常生活中学习。所以，永康同学，你在读名著之余，更要观察社会，理解各式各样的人。即便读书，也不能只读一类书，要读万卷书，行万里路。最重要的是，在这个过程中，去感悟和体会，去理解特雷莎修女所说的“世界上最美丽的是爱”。

沈之菲

◎ 迈开第一步

沈老师：

您好！我是一名刚上高一的学生，这阵子，我总感觉自己学不进去。上课总是浮想联翩，下课总想看课外书，不想看课本，不想写作业。我一点儿也不快乐，学也学不进，玩也玩得不开心。也许你会说，控制一下自己不就好了？可是我怎么就是做不到呢？想想父母为了我上学付出的艰辛，我很沮丧，感觉自己很无能。我该怎么办呢？

魏雅惠

雅惠同学：

你好！沈老师很理解你的不快乐，因为你进入了下面这样一个泥潭里，“学不进去—心里空空的—不快乐—更学不进去—心里更空虚—更不快乐”。这样的一个泥潭，让你痛苦，让你失望，让你沮丧，让你感到无能，让你无力自拔。请你仔细看看这个泥潭，这个泥潭的主题词就是“无聊”。

其实，这个泥潭一点也不深，只是有一点点泥泞。你现在是坐在这个泥潭里，觉得四周都是泥，挣扎不出来。但是只要你站起来，泥就在你脚下了，稍微用点力走走，你就可以走出这个泥潭了。最重要的是，你愿不愿意站起来。你说你控制不住自己，你来信给沈老师，希望沈老师拉你起来，但是沈老师说不能，因为如果你自己不想站起来，谁也拉不起你来。

曾经也有一位年轻人整日埋怨环境不好而使自己平庸无才。一次，他听说深山寺庙里有一位高僧会移山之术，于是前往求教。来到寺庙后，年轻人向高僧提出了学习移山之术的请求。高僧很爽快地答应，说："好吧，请随我来。"接着，高僧就带年轻人朝身体左侧的一座高山走去。翻过高山来到山下以后，高僧说："年轻人，这座山刚才在我们的左侧，现在移到了我们的右侧。这就是我的移山之术。"这个故事告诉我们的是：客观环境有时难以如愿，但我们可以改变自己。

走出泥潭的路有很多，很多高中生会用下面的方法：

◎ 培养好奇心。你觉得生活枯燥，是因为你重复一些习惯的模式。通过培养好奇心，你可以主动地想想事情还可以按照什么模式去做。

◎ 培养兴趣爱好。比如绘画、演奏、烹饪、钓鱼、徒步旅行等等。

◎ 和别人聊天。如果你能找到一个很好的人聊天，你的烦躁会很快消去，你也可能会学到一些东西。

◎ 做一些运动。去散散步，或者做一些身体的锻炼，或唱歌跳舞。

◎ 把你希望做的事情列一个清单，当你无聊的时候，拿出来看看哪些事情适合你去做。

……

雅惠同学，找一种方法试试。关键是，你准备站起来了吗，你是否能迈开第一步。

沈之菲

◎ 拿出半条命来

亲爱的沈老师：

您好！作为一名高中生，高一的时候没怎么好好学习，成绩排在后面。高二了，我知道紧张了，想去学习，可是有太多的不会，我该怎么办呢？问同学吧，可是不会的太多了，都觉得不好意思了。人家还学习呢，一直去打扰人家，心里觉得很过意不去。快会考了，日子整天过得很枯燥。我报的是文科，整天背，哎呀，烦都烦死了。你能给我些鼓励，或有什么好的办法帮助我吗？

承朋

承朋同学：

你好！看到你高二就觉察出自己的不努力，想好好学习，改变自己，沈老师很高兴。因为高二开始改变一点也不晚，还有高三想开始改变的同学呢。很多同学就是高三才醒悟而奋起直追的。高三不晚，何况你更早一些。

但是，承朋同学，你想好好学习的动力有多大？你愿意付出你多少的努力？看到你文科“整天背”就烦死了的状态，沈老师很怀疑你的决心和努力。你希望得到帮助，但是最大的动力来自你自己呀！

我想到福建省武平县一中高三班主任王锦春。他说：“每一届高三动员的时候，我都会给同学们说，你给我拿出半条命来。我不要你一条命，因为据我所知，还没有哪个同学是因为读书读得非常勤奋，很刻苦，然后就不行了，晕倒在教室里面的。""你们还不是什么'天之骄子',你们必须经过这样一个阶段。所以我希望啊,我的学生在需要吃苦的时候敢于吃苦。要对你们严格要求的时候,千万不要对我有什么成见,我是为大家好。用一句比较时髦的话来说,就是'爱你没商量'。"拿出半条命,承朋同学,你准备好了吗?

每个高中生的生活是差不多的。高一开学,梦想开始的地方;高一学习,寻寻觅觅,苦苦寻找学习的乐趣;高二学习,平平淡淡才是真,成绩难题总闹心;高三一轮,无可奈何花落去,似曾相识燕归来;高三二轮,学到用时方觉浅,蓦然回首,时光匆匆近三年;高三三轮,题海茫茫,何处是岸;高考,十年寒窗苦读书,三日考场断前途;高考后,忐忑中玩得昏天黑地;高考成绩公布,几家欢乐几家愁。

王锦春老师的学生也是每天早上早早起床,匆匆忙忙洗漱,快步跑着出操。中午不休息,晚自习上到十点半。熄灯过后还有人在写作业,每天睡眠不足六个小时。任何时候走进教室,一个个都在埋头读书,没有一个串座位、说闲话的。每人桌子上堆满了书,小山一样塞满了镜头。压抑感、沉重感、淡淡的苦涩弥漫着高中的班级。可是,经历了这样生活的高中生说他们的生活是很有诗意的。苦和累的背后,是追求理想的执着,是令人感动的真诚,是单纯的美丽,是简单的快乐!

承朋同学,拿出半条命来,把学习的责任自己扛起来。

沈之菲

生涯

◎ 往哪儿敲这一锤子

沈老师：

您好！我是一名高二的学生。学习成绩不太好，也很自卑。我心里有一个坎儿，我一直认为读高中无用，不如去上一个中专，学门技术，毕竟艺不压身，比高中实用多了。

但是当我给我的家人说的时候却遭到了全家的反对，我很难过。现在虽然坐在座位上，但是很难沉下心来读书，总是胡思乱想。我对自己没有信心，甚至有的时候都觉得自己已经对学习对分数麻木了。现在的我该怎么办呢？

云南　柯鹏

柯鹏同学：

你好！你想去学门技术，成为有技艺的人，这样的想法真的是很不错的。不要说古训“积财千万，不如薄技在身”（北齐·颜之推《颜氏家训·勉学》）。现在也有“三十年河东，三十年河西”，高级技工待遇逐年提高的趋势。

可是柯鹏同学，你好像把技师与高中学习对立起来了。因为技师也是需要高中学历的，例如高职学生。你本身已经是一个高中生了，等高中毕业以后好好按照自己的兴趣学一门技术也不迟。下面的故事不知道能不能够给你一点启发。

有位农场主，他的拖拉机出了毛病，怎么也开不动。他和朋友费尽心机也修不好，最后农场主请来一位技师。这位技师仔细查看了拖拉机，他打开盖子，动了动启动器，认真检查了每一样零件。最后，他拿起一把锤子，照着马达的某一部位敲了一锤子。立刻，马达重新转了起来，像没有出现过毛病一样。当农场主接过技师递过的修理账单时，马上生气地大叫道："什么？就那么一锤子，就要100美元，太贵了！"技师说："朋友，敲这么一锤子，我只要1美元，可是往哪儿敲这一锤子，这点知识需要99美元。"

柯鹏同学，我想你父母不是反对你将来的志愿，而是为你"沉不下心来读书，总是胡思乱想"而非常担心。安心地进行你的高中学习吧，把你做一个有技艺的技师的美好的想法好好珍藏，落实在高中以后的学习过程里。有学习做技师的志愿，不怕没有实现的一天。因为无论做什么，都是需要知识的，都是需要安心的，都是需要脚踏实地一步一步走向自己的目标的。空想或是无谓的争论都是没有用的，只是会干扰你对目标的关注，干扰你前进的步伐，使你离开你想要的目标越来越远。对自己说，我现在就是要学到更多的知识和本领，向着自己的目标更进一步。

沈之菲

梦想是会翱翔的，

但是实现梦想的过程

却要一步一步脚踏实地。

◎ 先后的顺序

沈老师：

您好！我是一名高二的学生。由于家中困难，父母整日拼命劳作，我不想看到他们这样，我想放弃学业，自己去创业来减轻他们的负担。但由于自己曾经为进入高中投入了很多，又不想轻易放弃自己的大学梦。我感到很困惑，真诚希望沈老师能够帮我渡过难关！

会飞的狼

会飞的狼同学：

你好！作为一个贫穷家庭的孩子，沈老师能感到你内心的沉重和浓浓的家庭责任感，你真是一个想早日当家的懂事的孩子。这份懂事是生活给你的磨难，也是生活给你的磨练，让你更努力，更要靠自己，去开创属于你自己的生活。有一天当你的生活状况和际遇改善的时候，你会觉得日子分外甜的。而一直在糖水里泡大的孩子未必有这样的体悟。

在你的来信中，沈老师不只看到一个懂事体谅家长的孩子，更难能可贵的是看到一个有梦想的孩子。你的梦想一是要读大学，二是要创业，这都是很好的梦想。也是可以去努力实现的梦想。尽管生活压力沉重，但是你还是想做一个“会飞的狼”。这很好的，这些梦想是你前进的动力，请珍视它们，碰到任何困难都不要轻易放弃你的梦想。

梦想是会翱翔的，但是实现梦想的过程却要一步一步脚踏实地。会飞的狼同学，沈老师要问你的是：你准备好了吗？你为实现你的梦想在客观上和主观上都准备好了吗？第一是物质条件的准备，你打算如何创业？创什么样的业？知识准备够吗？创业的基本条件具备了吗，还是等你有了高中或大学毕业证书后，学习了你想创业的那个行业的基本知识和技能后，有一定专业方向后，你创业才更可能成功？第二是心理的准备：读不读大学，创不创业都是你自身的选择，不要把这样的选择说成是体贴家长而做的无奈的选择。因为放弃高中乃至大学的学习，可能不是你父母的愿望，大抵上父母和社会都是会尽力帮助一个有潜力的学生完成高中及大学学业的。所以你在做选择的时候，一定要想清楚，这是你的选择，不是父母的要求。你的出发点主要是为了你自己的需要，尽管是体谅父母而产生的，但不是父母的需要。只有你在心理上想清楚了，你才会不抱怨他人，在困难的时候能够坚持住。

会飞的狼同学，你现在很困惑，就是因为你没有准备好，主客观上可能都没有做好准备，内心不踏实。如果这样，还是把心踏实下来。既然上大学是你的梦想，作为一个高二学生，你已经离这个梦想很近了，稍加努力就可以实现了。父母整日拼命劳作正是我们整日努力学习的榜样，你的努力也是父母精神上的安慰。实现了第一个梦想以后，你还可以继续为第二个梦想努力。学业和创业不是矛盾的，只是要一个一个实现，有个先后的顺序。

沈之菲

◎ 理科还是文科

沈老师：

您好！我是一名高二的学生，选择的是文科。我发现随着年龄的增长和学习的深入，我对数学这一门学科越来越害怕了。看着同龄人数学学习得那么好，我只有羡慕的份儿。我曾经很努力地学习，但是发现没有什么效果。现在一看到数学题就头昏脑涨，每次努力都以失败告终。现在高二都快结束了，我还是没有找到学习数学的好的方法，怎么办呢？

山西　王雪

王雪同学：

你好！作为一个害怕学习数学的文科生，你肯定不是孤独的一个。因为像你这样的高中学生很多，你不是因为怕学习理科而选择文科的吧。这不是一个好的答案，因为文科生和理科各有魅力、各有千秋，只是个人兴趣不同罢了。下面的一段是文理科的一个小小 PK。

文科生看文科生：潇洒浪漫。

理科生看理科生：聪明绝顶。

文科生看理科生：呆。

理科生看文科生：酸。

文科生最头痛的事：1530 元存了三个月零七天，银行利息 2.14%，扣去 20%

的利息税，最后总共是多少？

理科生最头痛的事：情人节的前一天，在烛光下苦思冥想，给女朋友的卡片上写点什么才好呢？

文科生对理科生炫耀：古代音韵学学起来像唱歌一样有趣！

理科生对文科生炫耀：学微积分其实像打游戏一样好玩！

呵呵，文理科都是很好的！王雪同学，你既然选择了文科，就好好培养你对文科的兴趣和爱好，学好科学的知识，体会人文学科的魅力和美，把你文科的长处和优势发挥出来。

再回到你的数学学科学习上吧。如果你对你的文科学习足够有信心了，你再来看看和文科不一样的逻辑思维：数学的学习。也许你只是不擅长它，但不要害怕它，不要一看到数学题就头昏脑涨，这样再努力也只会事倍功半。先冷静下来，你只是不那么擅长它而已，但只要你认真，没有什么可怕的。你踏踏实实拿到你会做的题目的分数，再做难的题目，这样心就定了。可能的话，把你做错过的题目好好认真分析一下，做上几遍，还可以让老师帮助你诊断一下，你的数学成绩会提高的。

沈之菲

◎ 成为什么样的人

沈老师：

您好！我是一名职业类高三的学生，别人都说高三生活枯燥无味，对我来说，更多的是害怕与迷茫。只要进入高中，都是想考入大学，我也曾经幻想大学生活，但是残酷的现实根本不容我去多想。自从进入高三以来，我的成绩在一次次的模拟考试中一步步下滑，无论自己怎么努力都无法阻拦这种趋势，我很焦急。我也尝试去咨询别人，但是他们说的都是一些无关痛痒的话。我现在真的好害怕高考之后家人的失望的眼神，害怕被人有意无意地嘲讽。在我们这里，如果高考之后没有上大学，那就只有一条出路：外出打工。我不甘心，读了十几年的书，就被这样的一次考试结束了。再过几个月我就是 20 岁的人了，面对种种的压力，我毫无办法。有时候觉得自己很没用，什么都做不好，学习不好，做人也是感觉一塌糊涂。虽然在生活与交往中注意让自己不断地完善，但总是还会有这样那样的错误，过后想想甚至会后悔得顿足捶胸。我该怎么办？

李真

李真同学：

你好！从你对学习成绩在模拟考试一步步下滑却还是不放弃努力的行为里，从你想到高考可能失败如果只是打工心有不甘的心态里，从你在生活与交往中注意不断完善自己的言行里，从你有点错误就会后悔得要顿足捶胸里，我能清

在开始迈向你的人生之路之前，

先决定自己要成为什么样的人。

楚地看到你是一个能够努力、能够吃苦、能够不断学习和提升自己的上进的学生。这些品质是你以后在社会上很好地发展的基础，相信这样的品质会给你带来信心和成功的。社会上很多事情可能不尽如人意，但是“一分耕耘一分收获”仍然是不变的法则。

不过李真同学，你在开始迈向你的人生之路之前，应先问自己一个问题：你的目标是什么？这个目标决不仅仅是要达到什么学历。比学历更重要的是那些是你所感兴趣的工作，你要成为什么样的人，过一种什么样的生活，和什么样的人交朋友。

大家似乎有一种默契的共识——高学历=高能力。这在大多数人的眼里看来，一点儿都不为过。因为我们传统的思想就是上学，上学，继续上学。学习成绩越好，能力就越强，本领就越大。天赋极佳或是考入名牌大学的孩子，才有望成为人才。可事实远不是大家想象的那样。

美国学者斯坦利的研究发现，成功人士大多不符合上述条件。斯坦利详细查阅了1300位成功人士的家庭和个人背景，结果发现他们在中小学的平均成绩一般，不足以入读一流大学，而在大学的表现亦平平无奇，多数更被视为天赋不足，难以成功。那么，成才的“诀窍”是什么？斯坦利说，他们依赖的不是天赋，而是选择了最适合自己能力的职业。他们不一定特别聪明，但胜在务实和创新。认准一个目标锲而不舍，尽一己之力但绝不冒无谓之险。

李真同学，只要你有一颗不怕犯错误之心，在努力学习之余再好好找找你的人生目标如何？

沈之菲

◎ 承担选择的后果

沈老师：

您好！我是一个有动力和明确目标才会去学习的人。初三时的目标是考上高中，在确定高中的目标时遇到了一些麻烦，我想报考戏剧学院，但是征求家人意见时却遭到了一致的反对。他们认为那样也许到最后会一事无成。我也曾和我家人谈过，但最终无法说服他们，这让我挺矛盾的。我现在除了要搞好成绩之外，还要面对他们给我指定的道路和自己喜欢的道路之间的艰难选择，该怎么办呢？

苦恼的哲

哲同学：

你好！有报考戏剧学院的梦想是件好事，说明你有自己的兴趣爱好，有自己要追随的道路。我想你高中毕业以后还是可以考戏剧学院的。如果喜欢表演艺术，还可以通过其他方法达到目的。你有选择的权利，但是你也要承担选择的后果。怪家人没有用的，你的决心和努力是可以说服家人。你的决心有多大呢？问题有时不在于别人的阻挠，而在于自己不那么坚定、不那么确信。自己也把握不准，或者只是空有理想，没有付诸行动。

下面的故事或可参考。

道一十二岁时到南岳衡山拜怀让禅师为师，出家当了和尚。一天，怀让禅师看道一整天呆呆地坐在那里参禅，于是便见机施教，问："你整天在这里坐禅，图个什么？"道一说："我想成佛。"怀让禅师拿起一块砖，在道一附近的石头上磨了起来。道一被这种噪音吵得不能入静，就问："师父，你磨砖做什么呀？"怀让禅师说："我磨砖做镜子啊。"道一问："磨砖怎么能做镜子呢？"怀让禅师说："磨砖不能做镜子，那么坐禅又怎么能成佛呢？"道一问："那要怎么样才能成佛呢？"怀让禅师答："这道理就好比有人驾车。如果车子不走了，你是打车呢还是打牛？"道一沉默，没有回答。怀让禅师又说："你是学坐禅，还是学坐佛？如果学坐禅，禅并不在于坐卧。如果是学坐佛，佛并没有一定的形状。你如果学坐佛，就是扼杀了佛，如果你执着于坐相，就是背道而行。"道一听了怀让禅师的教诲，如饮醍醐，通身舒畅。

所以哲同学，与其苦恼着，不如想清楚你真正爱好什么，能力特长在什么地方，你愿意为你喜欢的目标做怎样的努力，吃多大的苦。你如果能够说服自己，你也能说服家人的。如果你现在有一点阻挠就退却了，就苦闷地不行了，就没有行动了，那么也许你根本不适合你想选择的道路。现在有一点艰难就退却了，家人如何相信你能够面对更大的艰难。考戏剧学院，走艺术道路要比其他的道路还要艰难好多好多，这点你有准备吗？你有行动吗？如果没有，就选择更适合你的道路，也不用苦闷了。

沈之菲

◎ 自我实现的寓言

沈老师：

您好！我是一名高二的学生，报了文科。别人都说我应该报理科，家长更是反对我学文，其实我学什么都无所谓！他们说文科就业很难！好多人也这么劝我，我现在很矛盾，我该怎么办？

翔翔

翔翔同学：

你好！你说你为选择与他人不同而苦恼着、矛盾着，沈老师却是要恭喜你。因为这是你进一步探索和澄清自己的爱好的时候，是你成长的契机，抓住这个机会，更认识你自己。有了这样的澄清和认识，你会更珍视你的选择，为你的理想而努力。你的努力会契合下面两首歌的，先温习一下这两首歌。

第一首：《我相信我能飞》：我相信我能行，那就没有什么不可以/我相信我能飞翔，我相信我能触摸天空，日日夜夜，我想象这一幕，展翅飞远/我相信我能高飞，我看见我跑过那敞开的生命之门，我相信我能飞翔/看，我在撕裂堕落的边缘，有时沉默，但沉默也是无声的怒吼，这是我生命中必须实现的奇迹/但我知道要实现它，首先要从我内心做起……

第二首：《飞得更高》：生命就像一条大河，时而宁静时而疯狂/现实就像一把枷锁，把我捆住无法挣脱……我知道我要的那种幸福，就在那片更高的天空，我要飞得更高，飞得更高/狂风一样舞蹈，挣脱怀抱，我要飞得更高，飞得更高/翅膀卷起风暴，心生呼啸……我要的这生命更灿烂，我要的一片天空更蔚蓝/我知道我要的那种幸福，就在那片更高的天空/我要飞得更高，飞得更高……

翔翔同学，再考虑一下你的兴趣和爱好，如果真的是文科的话，尊重你的内心选择，并且将这样的兴趣告知他人和父母。他们会看到你的兴趣的，会理解和支持你的。最重要的是，文科理科都是选择，至于以后如何，不是谁能简单预测的。任何的选择都是有得有失的，这中间是一个智慧的平衡。正如弘一法师所说：舍得，舍得，有舍才有得。小舍小得，大舍大得，难舍难得，不舍不得。任何选择都在某方面有所得，也会在某方面有所失，很多时候有失才有得。

但有一点是肯定的，以后的结果和你内心的坚持和努力有关。如果以后有好的结果，也是你为你的选择而高兴，朝你选择的方向而更加努力坚持；如果以后结果不好，也许是你在矛盾犹豫中荒废了你的努力，而把时间放在苦恼叹息上了：这就是自我实现的寓言，也就是说你的行动最终使起初的预言变为现实。

翔翔同学，朝你的兴趣爱好的方向飞起来吧，你会飞得更高的。

沈之菲

◎ 匹配的工作

沈老师：

您好！我是高二的一名学生。因为我的学习成绩不是很理想，再加上从小学学钢琴，所以我打算报考艺术院校。但是我很迷茫，不知道上音乐学院的前途怎么样。在班里，我总是很自卑，觉得自己低人一等，抬不起头来。学习效率很差，也没有什么知心朋友，遇到困难总是埋在心里。我现在觉得自己的前途一片黑暗，请您给我一些建议和学习的方法，好吗？

小叮当

小叮当同学：

你好！高二的学生开始考虑自己未来的前途是件好事，这确实是一个问题。因为这个问题比较负责，确实我们从小的学校教育也没有教我们怎么去考虑自己的前途，只要读好书就行了。所以你不会考虑，你的迷茫是你这个年龄阶段很多学生所共有的。沈老师下面介绍的职业兴趣角度可以给你做一个参考。

心理学认为，一个人的职业倾向和职业兴趣，决定了最适合他的职业。一个人如果做自己感兴趣的工作，往往能将自己的潜力最大地激发起来，也最容易获得成功。一般来说，人的兴趣类型可以分成六种类型，最好选择适合从事和他们的性格类型相匹配的工作：

1. 适合从事技能型工作的人。往往看重现实事物的价值，安分随流，做事保守,较为谦虚、踏实稳重、诚实可靠、情绪稳定、不善交际应酬,通常喜欢独立做事。

2. 适合从事研究型工作的人。往往坚持性强、有韧性,喜欢钻研,重视科学性和不断地学习,善于分析思考,为人好奇、独立性强、做事谨慎。

3. 喜欢从事文艺型工作的人。往往是理想主义者,追求完美、不重实际、想象力丰富,富有创造性,具有独创的思维方式,直觉强烈、敏感、情绪波动大、较冲动、不服从指挥。

4. 喜欢从事社会型工作的人。往往有强烈的社会责任感和责任心,关心社会问题,渴望发挥自己的社会作用,为人友好、热情、开朗、善良、善解人意、助人为乐、易于合作。

5. 喜欢从事管理型工作的人。往往为人乐观,对自己充满自信,喜欢冒险、精力旺盛、有支配愿望、好交际,喜欢发表意见和见解,善辩、独断等。

6. 喜欢从事事务型工作的人。往往喜欢服从权威,讲究秩序,责任感强、高效率、稳重踏实、细心仔细、有条理、耐心谨慎、依赖性强。

小叮当同学,上音乐学院的前途怎么样不那么重要,你对音乐的喜欢,对钢琴的喜欢也许比你的能力更重要。因为你可以当个钢琴演奏人员,也可以成为一个钢琴教师。能力不同,但都是从事与钢琴相关的工作。你需要更了解你自己,也要了解每个人都有自己的特点,而不是弱点,这样你会更接纳你自己,也会慢慢走出自卑的。试试看,先了解自己的爱好,珍视自己的爱好。

沈之菲

水温够，
茶自香。

◎ 水温够，茶自香

沈老师：

您好！我是一名高三理科生，对即将到来的高考，我很迷茫。我基础不好，总成绩也不过 300 多分，我不想让剩下的时间为不可能实现的目标而付之东流。我很喜欢语文和英语，从中体验到了无限的乐趣，因此，我想随自己的意愿去学习，这就意味着我要提前放弃高考。我很矛盾，一边是父母、老师的期望，一边是我的爱好，该怎么办？

建伟

建伟同学：

你好！

知道你很喜欢语文和英语，从中体验到了无限的乐趣，真的是很好的。沈老师为你有自己的爱好，能够认识到自己的爱好，愿意为这个爱好去学习感到高兴。但是，沈老师想说的是，这只是你的爱好而已，要成为你能够发挥的才能还没有到时候。

相传，有一个屡屡失意的年轻人，千里迢迢慕名来到普济寺，在老僧释圆面前接连抱怨自己命运不济。释圆对他的抱怨并没有立即作出反应，而是吩咐小童弄水泡一杯“铁观音”茶。开始是用温水一次灌满，茶叶漂浮于上，他让年轻人喝。年轻人一点也闻不到也喝不出茶的味道。

释圆换个杯子放好茶叶，用沸水细心浇注了5次，满杯茶香，望而生津，沁人心脾。直到这时，释圆才笑着开口道：“施主请看，用水不同，则茶叶的沉浮就不一样。温水沏茶，茶叶轻浮水上，怎会散发清香。沸水沏茶，反复几次，茶叶沉沉浮浮，释放出四季风韵。既有春的幽静、夏的炽热，又有秋的丰盈、冬的清冽。人生的成败，也与沏茶同理。如果水温不够，要想沏出散发诱人香味的茶水是不可能的。”

建伟同学，听了上述的故事我想你也明白了沈老师的想法，沈老师以为高考就如同沸水，它并不是阻碍你去实现你的理想和爱好，而是让你磨练自己，在沸水中冲泡，散发出你内在的香味。如果这个时候轻易地放弃，水温不够，自己真正的爱好可能也难以发挥出来。

建伟同学，准备高考的时间有点长，但是相对于人生来说只是很短的一段。先把这壶水烧开，再泡你喜欢的茶。水温够，茶自香。你的水温够了吗？

沈之菲

◎ 缺失的一角

沈老师：

您好！我是一名高二的文科生，以前爱上网，学习成绩很差，突然间想好好学习，但是发现自己什么都不会。特别是数学和英语，基础太差，一窍不通。由于文科高考录取线高，所以我想高二上完后转到一个管理非常严格的学校，从高一开始弃文从理，这样可以吗？我现在很苦恼，我很想上大学，沈老师，我该怎么办？

心语季

心语季同学：

你好！沈老师从你上述的信里看到了三个欣喜，一个担忧。欣喜一是你想戒掉网瘾，好好学习，这来自你的自愿；欣喜二是想从高一重新开始读起，怀着重新开始的希望；欣喜三是你想尝试弃文从理，换一个方向试试。一个担忧是你选择弃文从理是因为觉得文科高考录取线高，才想转换理科。我们选择文科理科绝不是录取分数决定，而是你更喜欢或更擅长所决定的，所以，这方面你还要三思。

沈老师为你感到欣喜是因为你让我看到了一个不一般的高中生，一个开始思考、希望长大的高中生，这真是太好了。沈老师想到了一本漫画书，是诗人、插画家、剧作家、作曲家、乡村歌手——谢尔·希尔弗斯坦的一个非常简单的绘本，

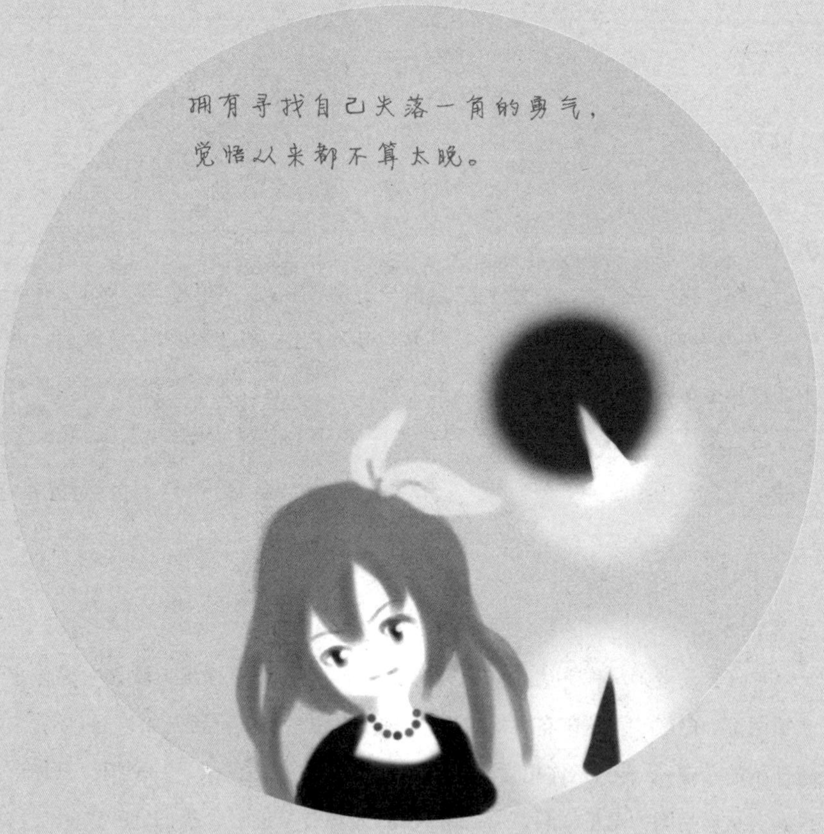
拥有寻找自己失落一角的勇气，
觉悟从来都不算太晚。

这是很多人读过的最快的一本书，恐怕也是一辈子也忘不了的一本书，名字叫《失落的一角》。你也可以读一读。

《失落的一角》说的是一个圆，一个缺了一角的圆，因为缺了一角，滚得不好、速度不快，所以很不快乐。于是动身去寻找它失落的一角。一路上，它唱着歌向前滚动。旅途艰辛，有时候要忍受日晒，有时候冰雪把它冻僵了，有时候掉进了洞里，有时候碰了壁……因为它不能滚得太快，所以这样它倒是可以停下来跟小虫说说话，或者闻闻花香，有时候让蝴蝶站在它头上跳舞……它甚至在艰辛的旅途里也发现了一些好玩开心的事情，比如一溜烟地下山……它走了很远的路，也找到了很多"失落的一角"，可是有些太小了，有些又太大了，有些太尖了，有些又太钝了……结果是……心语季同学，你自己去看。

在沈老师看来，有寻找自己"失落一角"的勇气，不怕辛苦，不怕从头再来，就是一个人觉悟的开始。什么时候觉悟都不晚，何况你才是一个高中生。

所以，心语季同学，大胆地迈出你想重新开始的脚步，走上成长之路吧。成长不是没有缺陷，成长不是没有烦恼，成长不是没有犹豫，成长不是没有徘徊，成长不是没有痛苦。成长是走了很多路，淋了很多雨，百折千回，得到了自己的体验。还有，知道了一些耳熟能详的道理究竟是什么滋味。

沈之菲

◎ 重要而不紧迫的事

沈老师：

您好！我是一名高二理科生，在学校学生会担任体育部长。平时有些事务我需要去处理。另外，我的数理化学得不好，英语也比较差。再有一年就要参加高考了，面对学习和工作，我不知该何去何从？请老师给我一些建议。

王宁

王宁同学：

你好！作为一个学生会干部，经常会碰到你本职的学业工作和为大家服务的工作之间的矛盾和时间冲突这样的问题。这个问题在你以后的人生中也会经常碰到。作为一个高中生，现在正是让你学习管理的契机。

首先，你需要问一下自己，学习和学生会工作是否都是你必须要做的，值得去做的？如果这两件事都是值得的话，那么，就根据意大利经济学家帕瑞托的8/2原则，你可能需要将80%的时间用在对你现在来说重要的学习上，20%的时间用在学生会工作上。

其次，你该先做什么事情？在考虑这个问题的时候，你就不能简单将任务只是分成学习和工作两大块了，需要进行细分，把你所有一天要做的事情按照"重要—不重要"，"紧急—不紧急"分成四块，"紧迫"是指必须立即处理的事情，不能拖延；"重要"是与目标息息相关的，有利于实现目标的事物都称为重要。越有利于实现核心目标，就越重要。就产生了下面的图：

紧急——————不紧急（横轴）；重要——不重要（纵轴）

重要	A 重要 紧急	B 重要 不紧急
不重要	C 紧急 不重要	D 不紧急 不重要

现在你想想你每天优先要做的是什么事？你会说，当然是“A”。错了，在时间管理的优先次序上来说，你如果每天只是优先做“A”，你会精疲力竭，整天忙于危机处理，感到压力非常大。当然，如果是“C”，你除了压力大以外，你更会抱怨连连，觉得自己的工作没有价值，忙于应付。

如果你的优先顺序是首先考虑“B”的话，你会更有远见，生活更平衡，更为实现你的目标努力，长此以往，你不仅成为时间管理的高手，你的心情也会很愉快，你会成为一个更从容不迫的人。

所以，王宁同学，从学习时间管理的智慧看，做正确的事比把事情做正确更重要。

沈之菲

◎ 都曾经是哈姆雷特

沈老师：

您好！说实话，我这整整一年都在高考与就业之间苦苦挣扎！身为一名高中生，我有责任和义务去好好学习。我不是个破罐子破摔的人。可能是因为暑假打过工的缘故吧，我想学习，想上进，不甘于一辈子穿梭在流水线……所以，每次我都告诉自己：“努力一下，或许就会听懂。”可是当我置身于课堂之中，才发觉自己是那么无能。我是那么地想听懂老师的课，却犹如听天书一般，昏昏欲睡。爸爸说看看社会上那些高不成低不就的大学生，还不如现在就去就业呢！

唉！站在人生的十字路口，我真的好迷茫。高考还是就业，我到底该何去何从？

王有无

王有无同学：

你好！

每个青少年都曾经是哈姆雷特王子，思考着“TO BE OR NOT TO BE”——坚持或是放弃。走这条路或走那条路，有这样的思考表示你处于思考的年龄，有着对生活的向往和不甘，这是一个难能可贵的品质。

我想你能考上高中说明你有读高中的学习能力，大抵上高中的课程是多数考上高中的学生都能完成的。暑假里你又打过工了，更是体认到打工的辛苦，下决心好好学习。在这样的情况下，在高中课堂上昏昏欲睡，觉得学习无趣，一可能是在学习方法上出了问题，另外可能还是在学习动力上出了问题，以至于放弃高中学习的念头随时在课堂上出现。

王有无同学，这样的状态说明你正是到了好好地思考自己的爱好和自己的生涯发展方向的时候了，否则生活将是浑浑噩噩，昏昏欲睡。你爸爸说的前半句是对的，“社会上那些高不成低不就的大学生”——说明有很多学生只知道做题目，没有思考自己人生的合理定位。但是后半句话却是推理不出来的——“不如现在就去就业”。一个不能给自己人生合理定位的人，就什么业呢？哪种工作能发挥特长呢？做自己不喜欢的工作如同读自己不喜欢的书一样，会非常痛苦的。到头来可能还是“一辈子穿梭在流水线上”，或者连就业也做不到呢！

所以，王有无同学与其把时间消耗在高考与就业的犹豫彷徨中，不如花点时间思考自己的爱好和特长，想自己合适的发展道路。上不上大学和你以后的发展有关，美国劳动统计局预测未来十年增长最快的 30 个职业中，只有 7 个是必须有大学学历的。比如会计、大学教授等等。但是像护士、家庭护理人员、店员、消费者服务人员等，需要量奇大，大部分都不需要大学学历。有些手工业者，可能以后更是吃香。所以，上大学值不值，关键在于你想做什么职业，能做什么职业。

沈之菲

坚定心意，承担梦想。

放不下，那就把它挑起来

◎ 放不下，就把它挑起来

沈老师：

您好！我现在很苦恼，我家在农村，不富裕。我现在正上高二，但准备不上高中，去学技术了，因为好的大学考不上了，即使考上大学也不一定能找个好工作。再说了上大学需要一笔不小的开支。或许你会劝我继续上学，可我真的在学校待不下去了，上课听不懂，越来越急。所以我经过长期思考决定不上高中，去学动漫，你觉得呢？

土龙帮

土龙帮同学：

您好！读了你的来信，看到你的思考，我很为你感到高兴。因为你比很多高二同学更成熟地在思考未来之路。并且你在思考的时候综合了你的家庭经济状况、你的学习情况、你的爱好、你的特长等多种因素，这些思考都是很好的。有思考比没有思考对你的未来之路更有价值和意义。

现在的问题是，你的思考化作行动了吗？为了你学动漫的选择你做了什么，还是只是思考？更重要的是你准备好承担选择的后果了吗？沈老师看到很多人，想得很多，但是不敢去尝试自己的想法，因为实现自己的选择是要自己承担选择的后果的。人生走哪条路都会碰到困难的。走自己觉得更好的路，是需要突破很多阻碍的。很多人在选择面前却步，就是没有勇气去突破这些阻碍。如果你自己选择定了，并且愿意突破阻碍坚定地走好自己选择的路，你的勇气也会赢得别人的支持和尊重的。问题是你的心意定了吗？你愿意承担选择的后果吗？

土龙帮同学，你目前比较重要的是将自己的心意再定一下。高中学习或去学动漫，选择一个，将自己的心定下来。无论哪一个选择，都意味着有得有失，勇敢承担自己选择后的结果。

这里有个故事给你参考：

唐代，严阳尊者问赵州禅师：“一物不将来时如何？”（大意是：在禅修的道路上，我抛弃了一切，下一步怎么做？）赵州禅师答：“放下吧。”严阳尊者说：“已经两手空空，还要我‘放下’什么？”赵州禅师指示他：“放不下，那就把它挑起来！”严阳尊者听到这里，忽然有所领悟。

土龙帮同学，你也放下一个，挑起一个吧，更坚定地走好你所选择的道路。

沈之菲

◎ 担心之余

沈老师：

您好！我现在是一名高二的学生，高中的生活虽然已经过去了大半，可我对自己的前途还是感觉一片迷茫，每天都在发愁。怕自己考不上大学，更怕即使考上了大学却找不到好工作。自己的学习成绩本来就不好，有时真的想放弃了，可想想这条求学之路已经走了十几年，又不忍心半途而废。希望老师您能给我一些帮助，快让我找回努力学习的信心。

闵雅倩

雅倩同学：

你好！作为一个高中生，担忧"自己考不上大学，更怕即使考上了大学却找不到好工作"，这真是一件很经常发生的事。但是在这个担忧面前，你还有一个很大的强项——因为你并没有因为这样的害怕而放弃努力，现在还是在坚持；尽管心中有点犹豫，但是你的来信表示你依旧是想继续坚持下去的，沈老师能看到你外在犹豫下一颗坚持努力的心。

说到害怕，我想到了著名的职业规划和人生发展咨询专家徐小平先生的自述：

"……昨天半夜两点半躺下，很快就被电话铃闹醒，蒙蒙眬眬去接，却没有人说话。问了半天，那边就是没有人吭声。虽然我睡意正浓，但还是被吓醒了。因为外面天色一片漆黑，我觉得大概午夜三四点吧。我这个电话号码几乎没有人知道，极少有人打来。就想到午夜凶铃，觉得一定是鬼打来的。看了一下钟，已经六点半，心里稍觉放松。六点半虽然太阳还没有出来，但鬼肯定已经回去了。

我怕黑、怕鬼，夜里睡觉都要把家里的灯全部打开，把门紧紧闭上，确信没有东西之后，再留着一两盏灯，半亮着睡觉。我知道这样浪费电，不环保，但漆黑的环境中，我就是无法入睡。我的小儿子也怕鬼，但比我更胆小。每天夜里他都要把房间里的抽屉壁柜什么的都打开检查一遍，看看“它”是否躲在那里！睡觉时一定要开着所有灯，有时我深夜去把灯关掉几个，他居然会被惊醒。从他那灯火通明的窗口看去，不像是睡觉，而像是加班。看见他这没出息的样子，我总是绝望地想：一代不如一代！

人类先祖早期没有住宅，生息在荒山野岭中，黑夜里有无数妖魔鬼怪、豺狼虎豹来侵犯攻击他们。半夜惊醒，爸爸剩下一半；早晨起床，儿子变成骨头……人类就在这样的恐怖之中进化。所以，我和儿子之怕黑怕鬼，是一种人类返祖现象。我怕鬼，现在大胆披露这一点，一点也不怕人们嘲笑我——因为我是人类的后裔啊！鬼才不怕鬼呢！”

呵呵，担心学习成绩，担心考大学，担心以后的工作，这些正是你这个年龄阶段的人共同害怕的。徐小平先生的怕鬼并不影响到他当人生导师的工作，所以雅倩同学，你在担心之余，仍然努力学习才是。努力就是你的护身符，不仅保佑了你的学习，而且因为你已经尽力了，也就能格外宽慰自己了。

沈之菲

◎“守株待兔”

沈老师：

您好！我想向你咨询几个问题。我是刚上高中，起初我有很大的决心的，想要上名校，超过某某等。我也为此制订了大量学习计划，可自己却没那种意志按计划去实施，好像我也没有那种与别人争第一的意识。我也知道要培养这种意识，才能更好地去迎接挑战，可我却不知道如何去培养这种意识？另外我也有种懒惰心理，事情总到最后才想着去做，好像是我小时候总把作业拖到最后写的原因吧！

请沈老师给我出个主意吧！我在此先向你道谢啦。

一个渴望成功的学生

渴望成功的学生：

你好！你的名字起得很好，渴望成功是一件蛮好的事。但是我不知道你的动力有多大，我实在没有看出你想成功的决心。你渴望成功，却说自己没有这个意志，又有懒惰的心理，事情总到最后才想着去做，这么看来，我只能说你又是一个“守株待兔”者。

韩非子在《韩非子·五蠹》中有这样的描述：“宋人有耕者。田中有株。兔走触株，折颈而死。因释其耒而守株，冀复得兔。兔不可复得，而身为宋国笑。”译成今天的白话文就是说：宋国有个农民，他的田地中有一棵树桩。一天，一只跑得飞快的兔子撞在了树桩上，扭断了脖子而死。从此，那个农民舍弃了他的农具，天天等在树桩旁，希望能再得到一只兔子。兔子不可以重复得到，然而他却成为宋国人的笑柄。

“渴望成功的学生”，你是个聪明的高中生，不至于像这个“守株待兔”者一样愚笨、可笑吧。我想你一定不至于，更不愿意。好了，从渴望成功的幻想中清醒过来吧，脚踏实地地去把握好自己的学习时间，让自己的心动起来，让自己激荡起来。“把握生命里的每一分钟/全力以赴我们心中的梦/不经历风雨怎么见彩虹/没有人能随随便便成功/把握生命里每一次感动/和心爱的朋友热情相拥/让真心的话和开心的泪/在你我的心里流动。”

谢谢你今天让沈老师给你出主意，可是沈老师却是不能，因为人生的旅途，有喜有悲，泪与欢笑成正比，命运把握在你自己的手里，成功更要靠你每天单调而努力的行动。你肯定知道穷和尚富和尚要到南海去的故事。穷和尚带着一瓶一钵去了，富和尚却想造好一条船后再去。第二年，富和尚的船还没造好，穷和尚已经从南海回来了。

所以实现梦想的方法很简单，立即做就可以了。想一丈不如行一寸，成功就是脚踏实地，把握好生命的每一天。

沈之菲

后记

这本书整整写了五年，在《中学生阅读》的"花季雨季"栏目中每月连载，让我维持五年的动力主要来自我想让这些问答陪伴女儿的初中和高中阶段。尽管作为一个心理学工作者已经二十几年了，但面对青春期的女儿，和很多父母一样，依旧不知道如何与她直接对话，我想这些问答就当我和她之间对话的桥梁吧。因为这个动因，才有了今天的结果。

把这些问答变成集子，也来自女儿的创意。在写问答的第三年，女儿在我生日的那天，将一部分问答集起来，画出一些她喜欢的句子，还做了点评，作为献给我生日的礼物。她说她的同学们也很喜欢这些问答，原来这本集子可以这么做。现在这本集子的做法和女儿当初的设想差不多，所以也让女儿写了序。

对于这本集子，我特别要感恩的是三拨陌生的朋友。

第一拨朋友就是来信的众多中学生们，他们来自河南、河北、辽宁、吉林、山东、四川、江苏、浙江、福建、广东、广西等省区。其实从什么地方来的信不重要，重要的是他们都处在青少年时期，有着共同的困惑和成长需求，他们能勇敢地来信询问。虽然和来信的青少年有的还通过电话，但我没有见过其中任何一个。他们来信询问的问题或类似，或迥异。共同的是在他们这个行为背后的内在动力：我要改变，我要成长。正是这个内在动力，让我们彼此有了对话的可能，我为他们的勇气和信任而感动。

第二拨朋友是《中学生阅读》这个栏目两任的编辑，他们是吴贯一先生和陈宇先生。我们也没有谋过面，只是通信联络，是他们收集了这些中学生的来信，也是他们的鼓励和坚持让这个栏目得以持续下去，我很感谢他们。

第三拨朋友是本书的插画作者龚正先生，依旧是没有见过面，依旧是通信联系。通过邮件表明各自意图，他的画让这本问答集生动了很多，也让我和中学生的心贴得更近了。

还有个要非常感谢的朋友是见过的——本书的责任编辑彭呈军先生，他对心理学的敏锐视角和良好修养，促成了这本书和大家的见面。

上述这些朋友，对这本书的形成作出了很多的贡献，我内心非常感激。这本集子就是献给他们的，是他们使我的一些观点和想法有了一个和青少年分享和交流的机缘和平台。这些观点和想法对我来说不是陌生的，它们是我二十多年心理工作者生涯中的点滴经验和体悟的集成，这些经验和体悟概括起来大致就是下面几点：

1. 把问题常态化

青少年容易把他们的问题放大，认为只有自己才会有这样的问题。我更多的是具体分析这些问题，发现这些问题基本可以引申至几乎所有同学都会面对的问题，是一个正常的“常态”问题。对于这样的问题，学生就不会看得过于严重以至于失去解决问题的信心，他们就有了自我调节、逐步解决问题的勇气。

2. 困难中坚持

青少年一般会认为犹豫、失落、灰心、泄气是问题，我的经验是这些都不是问题，问题是带着犹豫、失落、灰心、泄气是否能够依然坚持。失落的情绪是每个人都会有的，区别在于是否能带着失落的情绪继续学习、努力做事。自信不是不会碰到困难，而是相信自己在困难时能够坚持住。

3. 深入地思考

青少年会被成人社会的一些话语所蒙蔽，说这些话语的人也许没有经过思考，青少年却信以为真，诸如“外向性格更好”、“男孩子要学理科”、“成绩好的同学是不焦虑的”、“演说家公开讲演不紧张”等等，如果深入分析，这些都不是事实。青少年如果带着自己能思考的头脑来观察社会，会更理性和乐观地生活。

4. 重写人生故事

一些来自单亲、贫困家庭的青少年，有时会觉得自己的生活没有希望、没有意义，很难乐观。如果他们能看到硬币的另一面，更多地看到自身努力学习、爱阅读、顾家、懂事、体贴大人等优秀的品质，改写自己的内心剧本，他们会更坚强、更平和地面对生活的挫折，也会更有希望地去面对未来。

具体要说的经验和体悟都写在我对中学生问题的回答里了。这些经验和体悟也是我本人困而知之后所得到的一点点领悟，这好像也和我对青少年的成长理解是一致的：成长是一条曲线，成长不是没有缺陷，成长不是没有烦恼，成长不是没有犹豫，成长不是没有徘徊，成长不是没有痛苦；成长是走了很多路，淋了很多雨，“百折千回”后得到的一点点自己的体验，最后品尝到一些耳熟能详的道理究竟是什么滋味。

希望这本书能伴随着更多青少年青春的成长，同时也陪伴着父母的成长，谢谢！

沈之菲

2014 年 1 月于上海

图书在版编目(CIP)数据

成长"悟"语:中学生心灵解码/沈之菲著. —上海:华东师范大学出版社,2014.1
(明心书坊)
ISBN 978-7-5675-1627-4

Ⅰ.①成… Ⅱ.①沈… Ⅲ.①中学生—心理卫生—健康教育
Ⅳ.①G479
中国版本图书馆 CIP 数据核字(2014)第 010694 号

成长"悟"语
中学生心灵解码

著　　者　沈之菲
策划编辑　彭呈军
责任校对　赖芳斌
/插　　图　龚　正
/审读编辑　崔智博
/装帧设计　崔　楚

出版发行　华东师范大学出版社
社　　址　上海市中山北路 3663 号
邮　　编　200062
网　　址　www. ecnupress. com. cn
电　　话　021-60821666
行政传真　021-62572105
客服电话　021-62865537
门市(邮购)电话　021-62869887
地　　址　上海市中山北路 3663 号华东师范大学校内先锋路口
网　　店　http://hdsdcbs. tmall. com

印 刷 者　苏州美柯乐制版印务有限公司
开　　本　890×1240　32 开
字　　数　180 千字
印　　张　8
印　　次　2014 年 4 月第 1 次
版　　次　2014 年 4 月第 1 版
书　　号　ISBN 978-7-5675-1627-4/B·823
定　　价　28.00 元

出 版 人　朱杰人